CW01638322

GOUDEN WOORDEN

Geluk

GOUDEN WOORDEN

Geluk

Samengesteld door Pieter Cramer

Uitgeverij BZZTôH

's-Gravenhage, 2007

© Copyright 2007, Uitgeverij BZZTôH bv, 's-Gravenhage

Ontwerp omslag: Michelle van der Valk

Foto omslag: Corbis

Zetwerk en typografie: Michelle van der Valk

ISBN 978 90 453 0580 6

Voor meer informatie en een gratis abonnement op de BZZTôH Nieuwsbrief:

www.bzztoh.nl

‘Geluk hebben’ is iets anders dan ‘gelukkig zijn’.

Salomon Baer-Oberdorf

Laat ons de kleine stukjes
van het geluk oprapen
en ons niet te veel beklagen;
iedere dag brengt zijn brood
en een portie geluk.

G. Droz

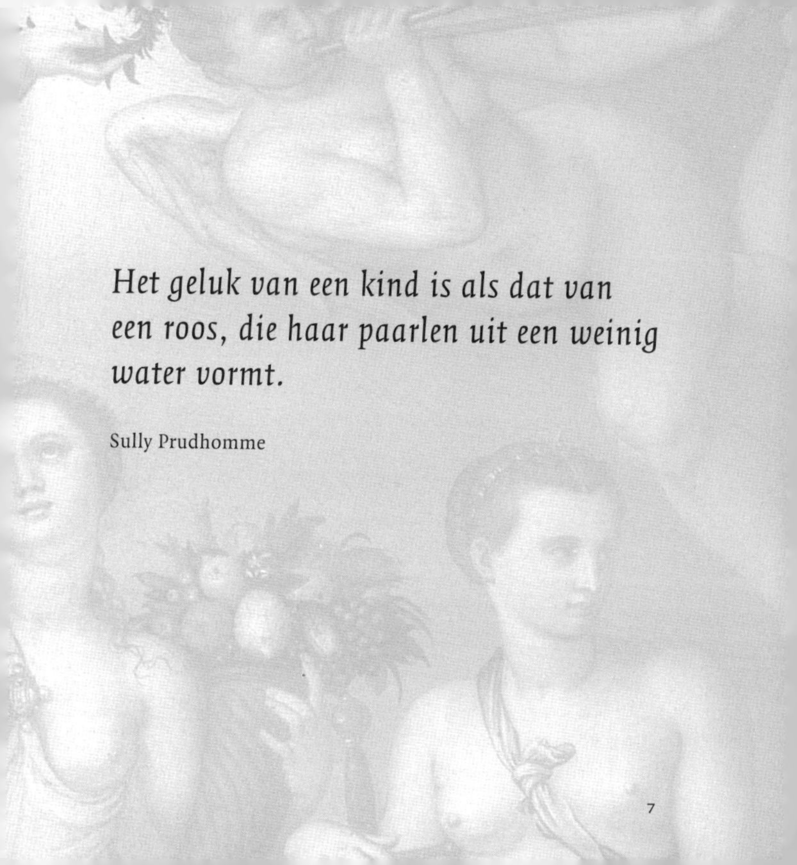

Het geluk van een kind is als dat van een roos, die haar paarlen uit een weinig water vormt.

Sully Prudhomme

De menselijke wil, dat is zijn geluk.

Friedrich von Schiller

Geluk is liefde, niets anders.
Wie kan liefhebben, is gelukkig.

Herman Hesse

Jij zoekt het geluk in de liefde. Daar is het niet. Het geluk is in de rust, in de vriendschap; liefde is een storm, een strijd. Goed, ik zal je een andere liefde laten zien: vriendschap, dat wil zeggen rust, verbonden met lust, dat wil zeggen genot, dat is geluk.

George Sand

Door waakzaamheid bloeit ons geluk het best.

C. Wernicke

Geluksvogels zijn ongenietbaar.

Lee van Cleef

Men kan het geluk definiëren als: de rust van het wezen in de algehele en onuitputtelijke bevrediging van al zijn vermogens.

H. Lacordaire

De hoop op geluk is vaak het waarachtigste geluk dat wij kunnen bezitten; de zuiverste vreugde is nooit zo zuiver als het verlangen ernaar.

Chadwell

In een vreedzame familie komt het geluk vanzelf.

Japans gezegde

Het geluk vaarwel zeggen is het begin van de wijsheid en het zekerste middel om het geluk te vinden.

Maeterlinck

Het menselijk gemoed
kan het gelukkigst zijn
in een gevoel van intens
verlangen.

Wilhelm Raabe

Een lachend geluk is niet het ware geluk.
In onze zoetste ogenblikken mengt zich een druppel van onuitsprekelijk leed.

Madach

Het geluk ligt in de smaak en niet in de dingen zelf.

François de la Rochefoucauld

Om gelukkig te worden moet je de woorden 'had ik maar' uit je woordenschat verbannen en ze door 'de volgende keer' vervangen.

Smiley Blanton

Er zijn mensen die hun eigen ongeluk lichter verdragen dan het geluk van anderen.

Fliegende Blätter

De gelukkige voelt, de ongelukkige denkt.

Joachim Fernau

Het geluk dat van buiten komt is licht als kaf. Alleen als het uit uw ziel opgroeit, blijft het uw ziel trouw.

J. Hammer

Wanneer het boek dat we lezen ons niet als een vuistslag vol op het hoofd treft, waarom lezen we dat boek dan? Opdat het ons gelukkig maakt, zoals je schrijft? Mijn God, gelukkig zouden we ook wel zijn als we geen boeken hadden, en de boeken die ons gelukkig maken, kunnen we desnoods zelf schrijven.

Franz Kafka

Novalis

Je moet proberen gelukkig te zijn, al is het alleen maar om het goede voorbeeld te geven.

Jacques Prévert

Het verreweg mooiste geluk is het geluk dat plotseling komt.

Sophocles

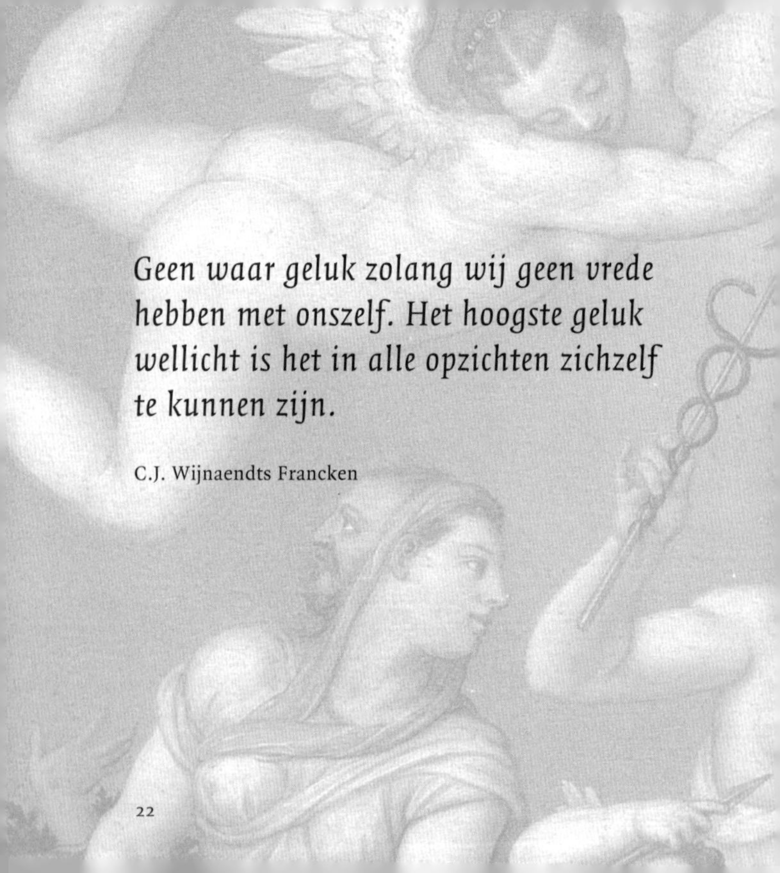

Geen waar geluk zolang wij geen vrede hebben met onszelf. Het hoogste geluk wellicht is het in alle opzichten zichzelf te kunnen zijn.

C.J. Wijnaendts Francken

De mens is precies zo gelukkig als hij zelf besluit te zijn.

Abraham Lincoln

Als je het gezellig wilt hebben, verzamel vrienden om je heen, maar als je gelukkig wilt zijn, omring je dan met bloemen.

Japans gezegde

Een lang geluk verliest alleen reeds door zijn duur.

Georg Christoph Lichtenberg

Geluk heeft geen meervoud.

Peter Bamm

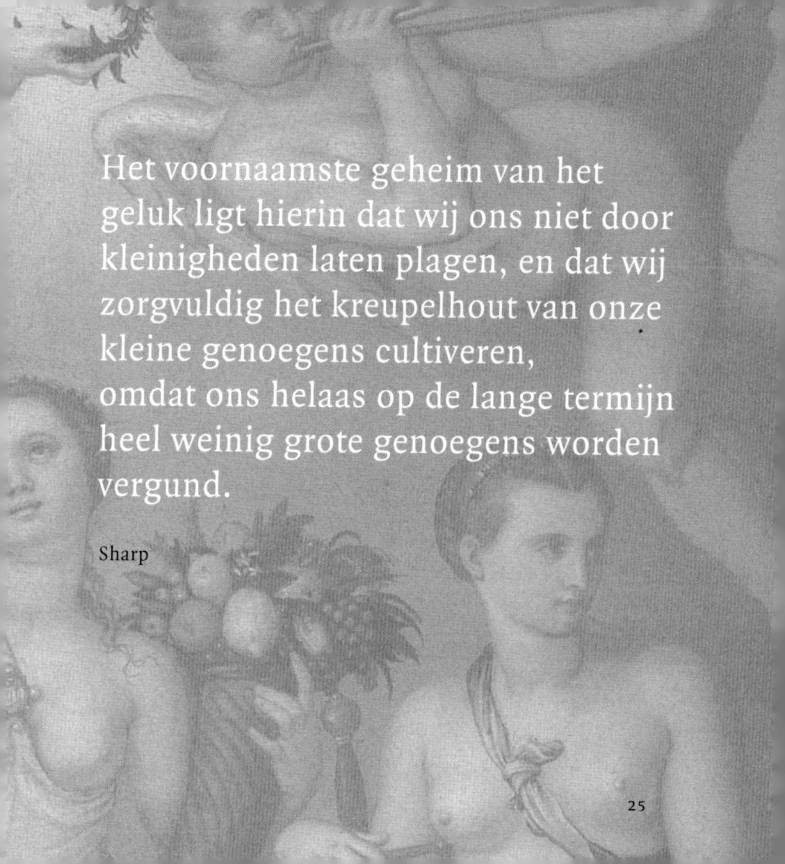

Het voornaamste geheim van het geluk ligt hierin dat wij ons niet door kleinigheden laten plagen, en dat wij zorgvuldig het kreupelhout van onze kleine genoegens cultiveren, omdat ons helaas op de lange termijn heel weinig grote genoegens worden vergund.

Sharp

Wat is uw geluk, o mensenhart?
Een wonderlijk geboren
En, nauw begroet, verloren,
Nooit wederkerend ogenblik.

Nikolaus Lenau

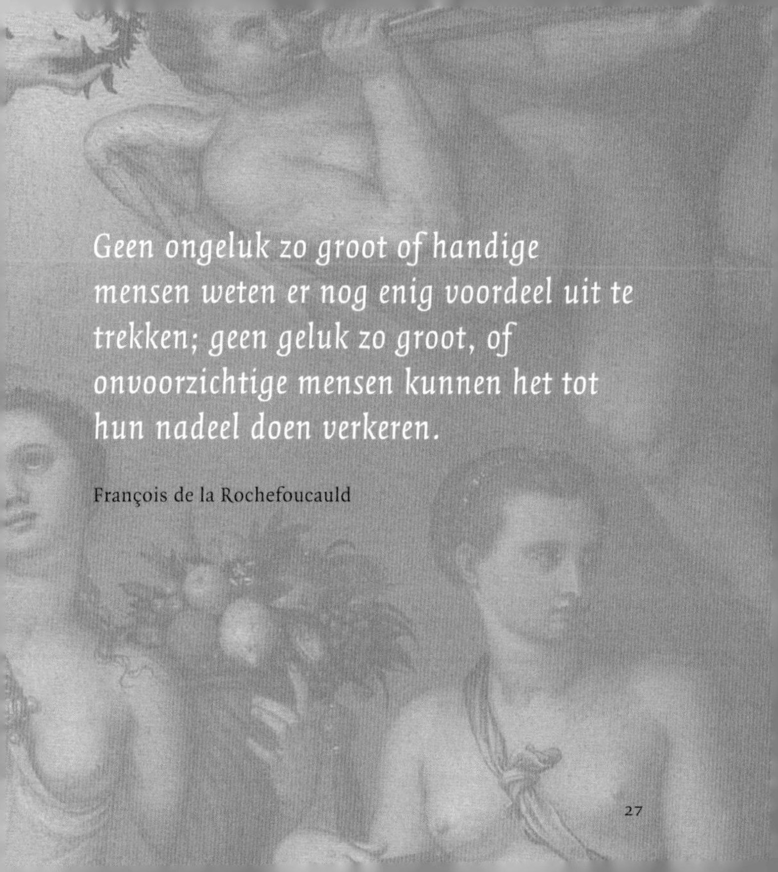

Geen ongeluk zo groot of handige mensen weten er nog enig voordeel uit te trekken; geen geluk zo groot, of onvoorzichtige mensen kunnen het tot hun nadeel doen verkeren.

François de la Rochefoucauld

Geluk is het besef dat je geluk niet per se nodig hebt.

William Saroyan

Ons geluk is slechts een min of meer vertroost ongeluk.

J.F. Ducis

Wanneer je jezelf ook maar een beetje gelukkig kunt noemen, hou dat dan geheim.

Saul Bellow

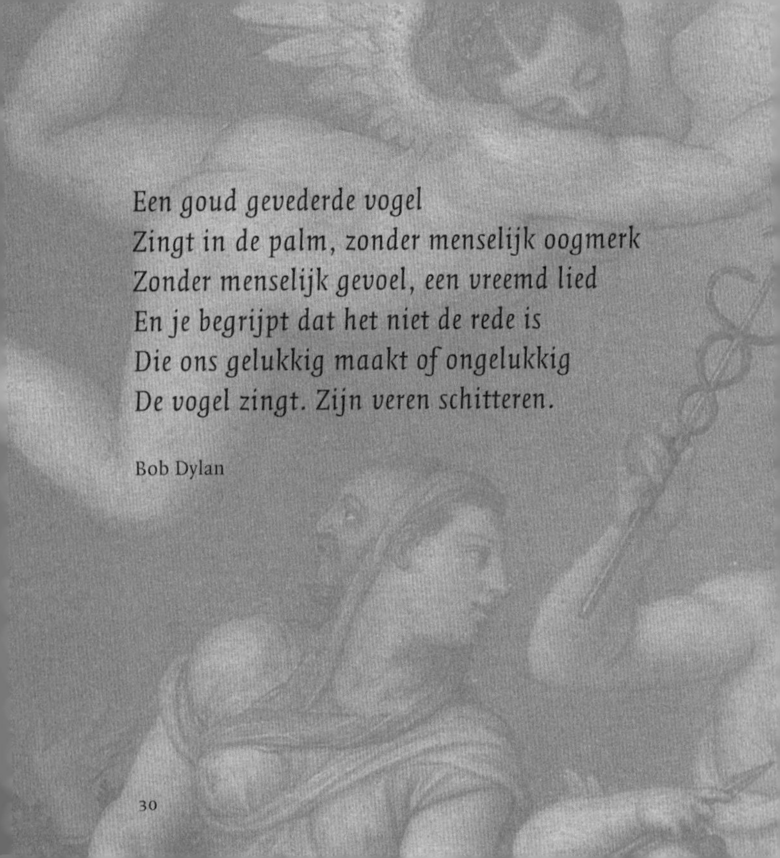

Een goud gevederde vogel
Zingt in de palm, zonder menselijk oogmerk
Zonder menselijk gevoel, een vreemd lied
En je begrijpt dat het niet de rede is
Die ons gelukkig maakt of ongelukkig
De vogel zingt. Zijn veren schitteren.

Bob Dylan

Zolang je jong bent, beschouw je dat jong zijn als een gebrek. Pas veel later ontdek je dat jong zijn een geluk is.

Hans Fallada

Een eind maken aan zelfzucht, dat is geluk.

Udânavarga

Met de blik trots omhoog gericht zoekt hij het geluk. Had hij naar beneden gekeken, hij had het kunnen oprapen.

Fliegende Bätter

John Stuart Mill zag de mens als een hedonistisch wezen. De hoogste ethische norm die hij de mensheid voorhield was dan ook dat we 'het grootst mogelijke geluk voor het grootst mogelijke aantal mensen' dienen na te streven. (...) Wel maakte hij daarbij onderscheid tussen lagere genietingen (zoals consumptief genot) en hogere (zoals intellectueel en cultureel genot).

Cor Hermans

Geluk is: het hart aan de kant van zijn plicht zetten.

O. Feuillet

Duurzaam geluk is saai.

Oswald Spengler

Geluk hebben gelijk een hoer; ook: hoerengeluk hebben. (In Zuid-Nederland gezeid van iemand, wien het onverdiend mede loopt.) - Meer geluk hebben als een hoerenkind.

A. de Cock

Alles wat de ziel in beroering brengt is geluk.

Arthur Schnitzler

Tevredenheid geeft ook in armoede geluk; ontevredenheid is armoede, ook in het geluk.

Confucius

Als het geluk u tegenlacht, sta dan op de wacht!

Spreekwoord

Misschien bestaat het geluk in het evenwicht tussen verlangens en de middelen om ze te bevredigen.

G. Stiegler

Het geluk is niet een grote diamant, waarvan de schittering de ogen van de anderen verblindt; het is een mozaïek, samengesteld uit kleine steentjes, waarvan de waarde alleen gekend wordt door hem die ze naar waarde weet te schatten.

Madame G. Demoulin

Het geluk wordt ons niet in één goudklomp gegeven; in kleine penningen wordt het ons in de schoot geworpen.

Marie Boddaert

Wanneer je tevreden wilt zijn, kijk dan niet neer op degenen die minder bezitten dan jij, maar op degenen die meer bezitten. Als je dat geen tevreden gevoel geeft, verdien je het niet gelukkig te zijn.

Benjamin Franklin

Een bescheiden geluk –
de beste vorm van geluk.

Theodor Fontane

U denkt dat geluk is uzelf te behagen, dat is het volstrekt niet. Het is vreugde te scheppen in het doen van Gods wil.

Edna Lyall

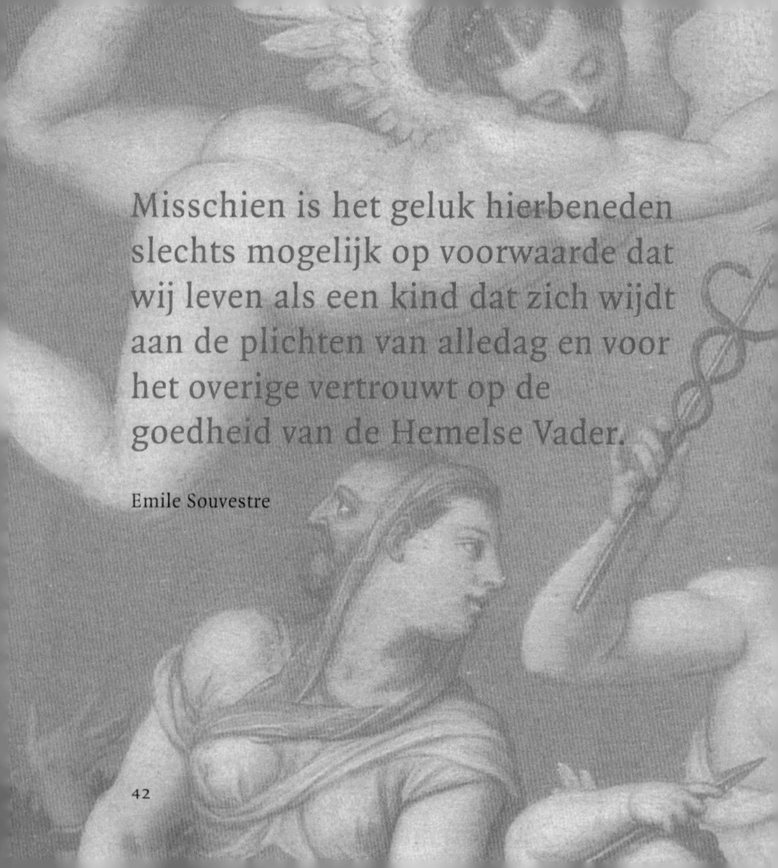

Misschien is het geluk hierbeneden slechts mogelijk op voorwaarde dat wij leven als een kind dat zich wijdt aan de plichten van alledag en voor het overige vertrouwt op de goedheid van de Hemelse Vader.

Emile Souvestre

Niets maakt je zo oud als geluk.

Oscar Wilde

Wilt u het geluk op aarde vinden, zo open
tot geven uw hand, tot toegeven uw gemoed,
tot vergeven uw hart.

Wilhelm von Humboldt

Benijdenswaardig is hij die geluk heeft met zijn kinderen.

Euripides

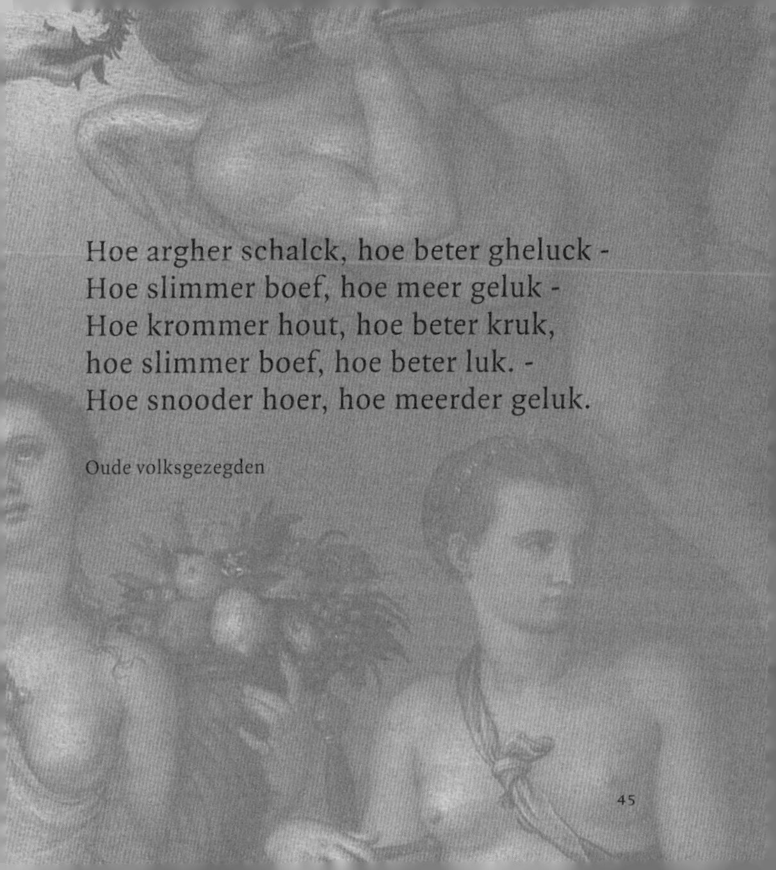

Hoe argher schalck, hoe beter gheluck -
Hoe slimmer boef, hoe meer geluk -
Hoe krommer hout, hoe beter kruk,
hoe slimmer boef, hoe beter luk. -
Hoe snooder hoer, hoe meerder geluk.

Oude volksgezegden

In ken geen grootser geluksgevoel dan dat van dankbaarheid.

Thomas Mann

Ik heb een thuisgevoel. Nu ik bijna zevenenveertig ben heb ik mijn balans gevonden. Daardoor kan ik meer voor anderen betekenen: iets wat me gelukkiger maakt dan op handen te worden gedragen zoals in mijn operatijd.

Miranda van Kralingen

Niet alle zielen hebben dezelfde vatbaarheid voor geluk, zomin als alle gronden evenveel oogst geven.

Chateaubriand

Geluk is harmonie tussen toestand en behoefte.

Nicolaas Beets

Ik laat het niet meer gebeuren dat het leven maar zo'n beetje aan me voorbijtrekt. Zodra ik niet gelukkig ben, onderneem ik actie.

Leoni Jansen

Het geluk van booswichten vloeit als een bergstroom weg.

Racine

Het geluk bezoekt graag huizen waar een goede stemming heerst.

Japans gezegde

Zodra we begrijpen dat het geheim van het geluk niet een kwestie van bezit is, maar van geven, zullen we door anderen gelukkig te maken, zelf gelukkig worden.

André Gide

Het is vergeefs dat het geluk u gunstig gezind is, als ge niet zelf inziet hoe gelukkig ge zijt.

Oude Duitse wijsheid

Het is eigenaardig in dit leven dat, wanneer men in het geheel niet aan geluk of ongeluk denkt, maar alleen aan strenge, niets sparende plichtsbetrachting, het geluk vanzelf komt, ook bij een leven van moeite en ontbering.

Wilhelm von Humboldt

Naarmate een geluk volmaakter is, is het ook gevaarlijker.

Jean-Baptiste Rousseau

Het geluk is een lichtzinnig persoon die zich heel zwaar opmaakt en vanuit de verte mooi is.

Johann Nepomuk Nestroy

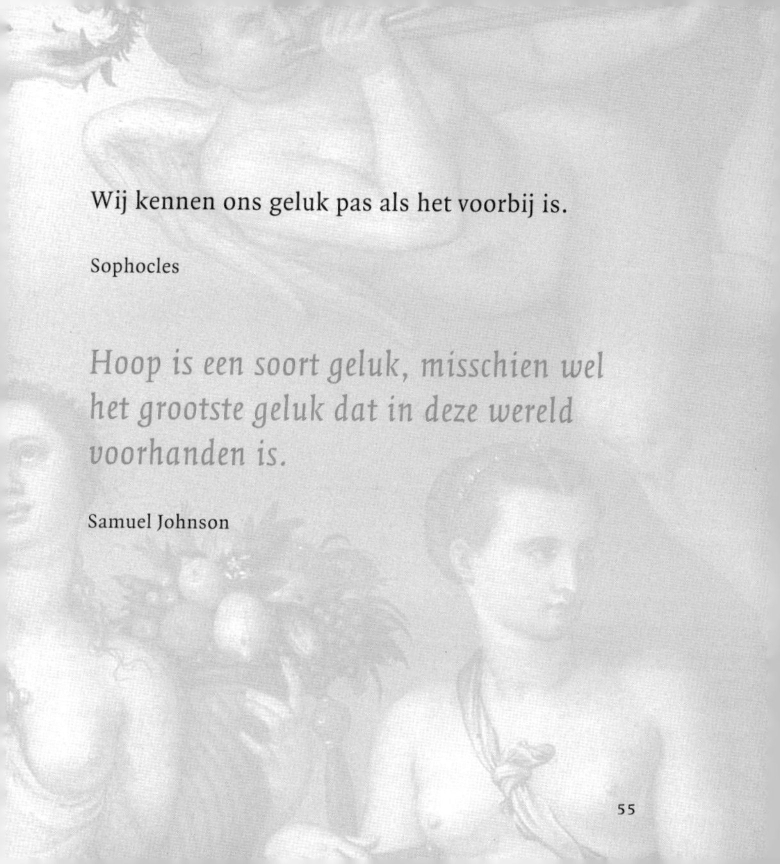

Wij kennen ons geluk pas als het voorbij is.

Sophocles

Hoop is een soort geluk, misschien wel het grootste geluk dat in deze wereld voorhanden is.

Samuel Johnson

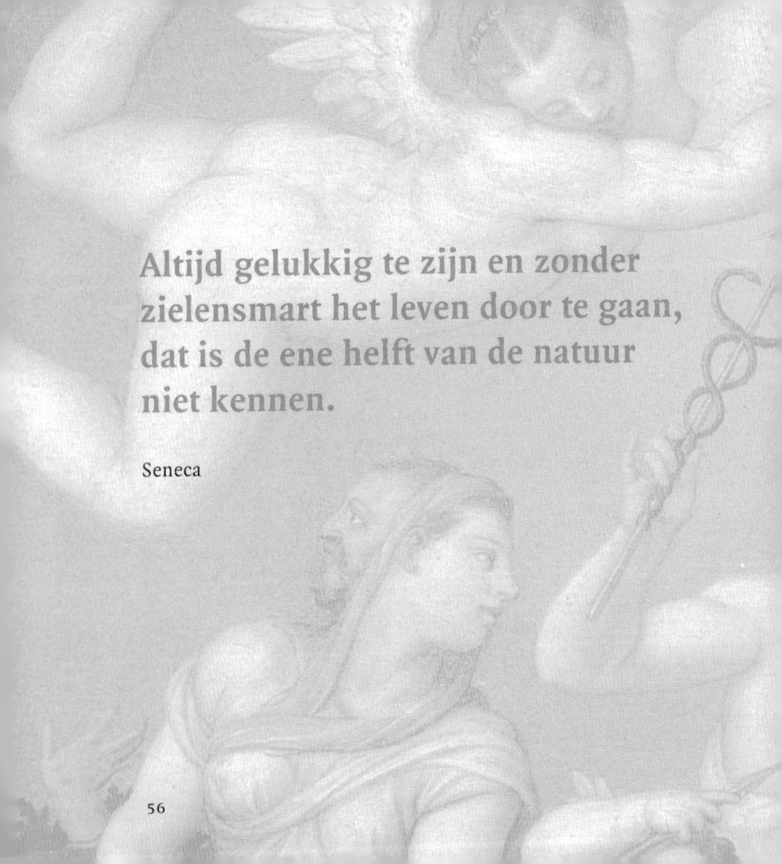

Altijd gelukkig te zijn en zonder zielensmart het leven door te gaan, dat is de ene helft van de natuur niet kennen.

Seneca

Ik hoorde reeds dikwijls dat geluk van binnenuit moet komen en meestal kan ik zo gelukkig zijn als ik zelf wil. Toch lijkt het geluk me dikwijls erg vluchtig. Ik weet dat het niet realistisch is te verwachten altijd gelukkig te zijn, maar ik denk dat ik dit doel veel vaker zou bereiken indien ik me vastberadener toelegde op mijn besluit gelukkig te zijn.

Al-Anon

Schoonheid is de bloesem van het geluk.

Japans spreekwoord

Tegen iemand wie het geluk gunstig is, hebben zelfs de goden nauwelijks macht.

Publilius Syrus

We onderschatten geen plicht zozeer als die van gelukkig zijn.

R. Stevenson

Het waar geluk is stil, en bloeit het schoonst verborgen.

Rhijnvis Feith

Een staag geluk zou slechts de mens hovaardig maken,
En ieder krijgt zijn beurt, zoals het spreekwoord zegt.

Molière

Geluk is niet een op zichzelf staand iets; het is uitsluitend het tegenovergestelde van iets wat onprettig is. Dat is de hele truc.

Mark Twain

Geluk is een toestand van rust, waarin genoegens noch pijn een rol spelen.

Gaston de Lévis

Beter een ons geluk dan een pond verstand. - Een gelukkige dwaas behoeft geen wijsheid. - Gelukkige zotten hebben geen wijsheid van doen. - Hij heeft meer geluk dan wijsheid.

Oude volksgezegden

Vaak wijst eerst afgunst van anderen u op uw eigen geluk.

Fliegende Blätter

Op zichzelf te worden aangewezen is in de schoot van het geluk te worden geworpen, want onze capaciteiten ondergaan dan een ontwikkeling en vertonen een energie waarover ze voordien niet beschikten.

Benjamin Franklin

Het geluk is kalme berusting onder een aangename begoocheling.

Laurence Sterne

Zolang we dromen
Van 't geluk dat ergens op ons wacht,
Dan vergeet je snel weer deze nacht,
Jij vertrouwt op mij, dat is m'n kracht.

André Hazes

Het geluk is geen gebeurtenis, het is een bekwaamheid.

Etienne Rey

Je moet blijven waar je je gelukkig voelt.
Geluk is als een kostbaar meubelstuk: kwetsbaar bij transport.

William Somerset Maugham

In het ongeluk: uithouden; in het geluk: inhouden.

Duits gezegde

Ik voelde me opeens zo gelukkig, zo onbezorgd, zo volkomen geborgen tussen Hugo en Huib, dat ik daar wel had kunnen lachen of zingen of huilen of helemaal niets doen, alleen maar nadenken over dat geluksgevoel, dat zelfs voortduurde nadat we allemaal over elkaar heen gevallen waren en ik een stekende pijn voelde, een betaling voor dat ongekende, heerlijke geluksgevoel.

Maarten 't Hart

De ware levensgenieters zijn al gelukkig, mits ze niet ongelukkig zijn.

Jean Anouilh

Het geluk staat niet stil voor iemands deur.

Spreekwoord

**Het is een groot geluk als
gij 't geluk eens vindt;
Nog groter geluk is het als
het u niet overwint.**

Daniel Sanders

Het geluk volgt de stoutmoedigen.

Plinius de Oudere

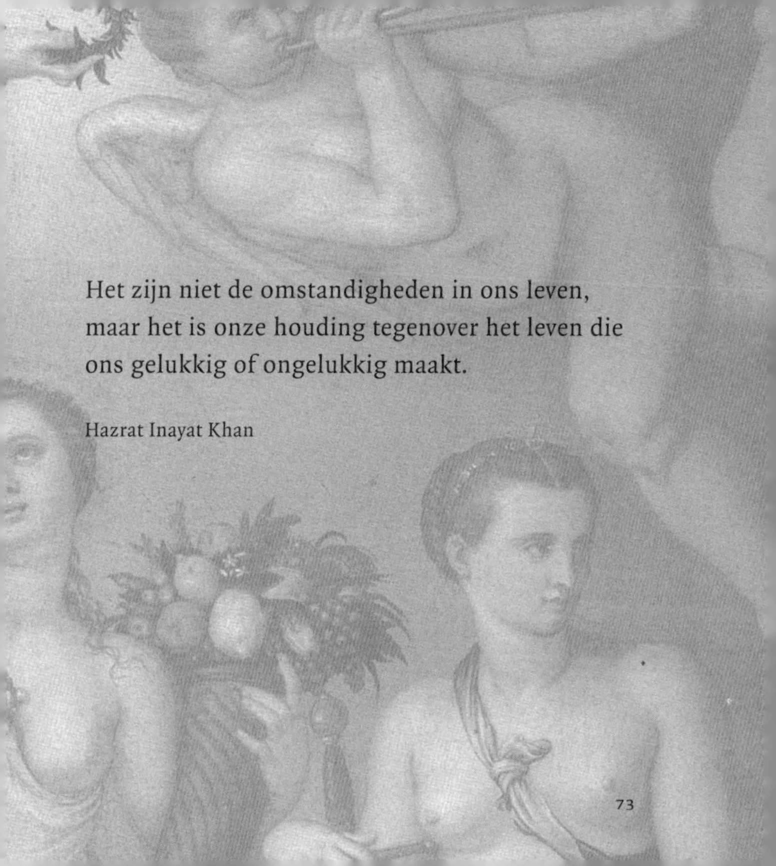

Het zijn niet de omstandigheden in ons leven,
maar het is onze houding tegenover het leven die
ons gelukkig of ongelukkig maakt.

Hazrat Inayat Khan

Geluk bestaat uit een solide bankrekening, een goede kokkin en een uitstekende spijsvertering.

Jean-Jacques Rousseau

Het antwoord op levensvragen zoeken we in het hoe, vol levensenergie. Geluk, tevredenheid, succes en waardering zijn gevolgen van onze daden, ervaringen en instelling. Wanneer we actief op zoek gaan naar geluk, verbergt het zich en is het meestal daar waar wij niet zijn.

Inge Patsch

Rust is geluk - wanneer het om uitrusten gaat, wanneer we er zelf voor gekozen hebben, wanneer we die rust hebben gevonden nadat we ernaar hebben gezocht - maar rust is geen geluk wanneer we verder niets anders om handen hebben.

Ludwig Börne

Aan de schijn van het geluk wordt werkelijk geluk geofferd.

Fliegende Blätter

Het geluk is rond; het valt de een in de hand en de ander in de mond.

Volksgezegde

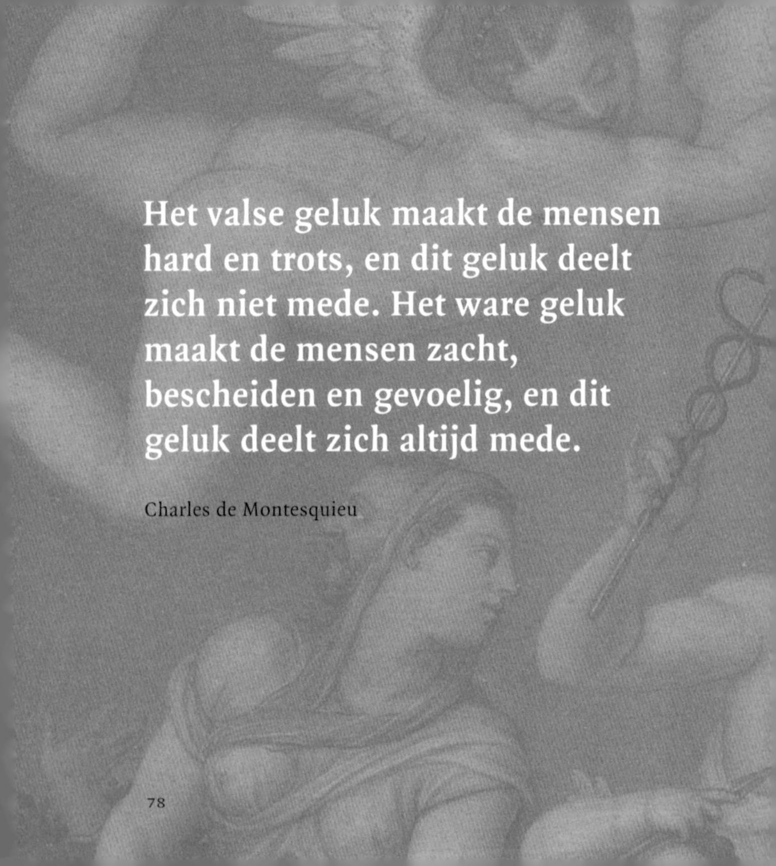

Het valse geluk maakt de mensen hard en trots, en dit geluk deelt zich niet mede. Het ware geluk maakt de mensen zacht, bescheiden en gevoelig, en dit geluk deelt zich altijd mede.

Charles de Montesquieu

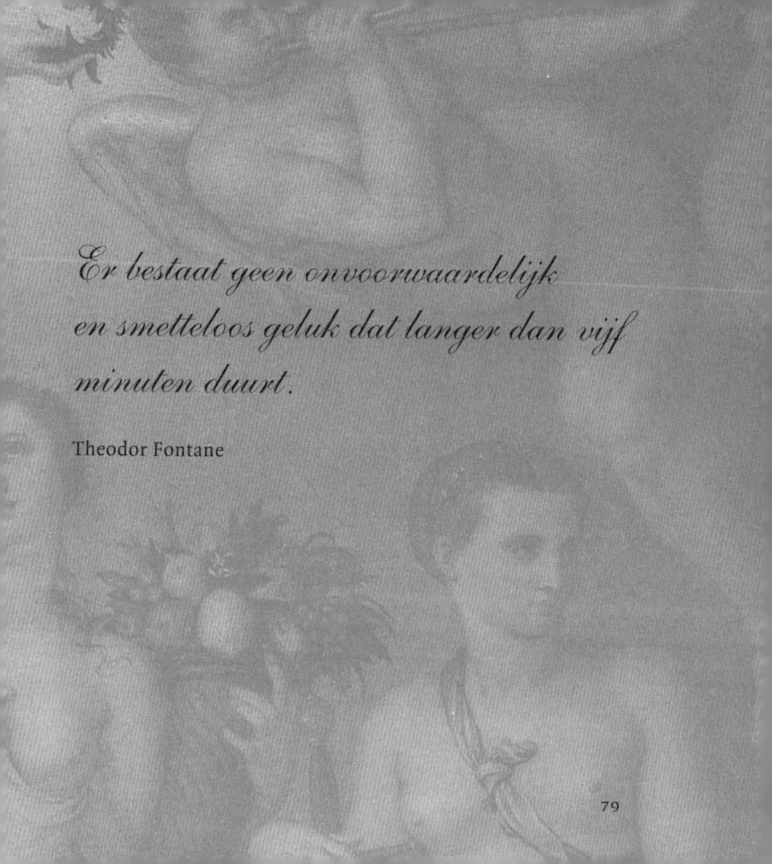

Er bestaat geen onvoorwaardelijk en smetteloos geluk dat langer dan vijf minuten duurt.

Theodor Fontane

We worden niet gelukkig van succes;
we worden gelukkig van intensiteit.

Ivo Niehe

Het zijn de sterken die ondanks verdriet blijven lachen, hun zorgen verbergen en anderen gelukkig maken.

Franz Grillparzer

Met iedere minuut dat je je ergert, verspil je zestig gelukkige seconden van je leven.

Albert Schweitzer

Op het Naardermeer. Het krioelt hier van het leven. Overal waar ik kijk, waar ik luister, zie en hoor ik beweging, actie. Er is geen enkele bedreiging, geen dief in het donker. Integendeel, ik voel me intens gelukkig hier.

Inez van Oord

Wanneer gij morgen een groter geluk verwacht,
dan schijnt heden de helderste zon donker.

Leopold Schefer

Het geluk klopt aan voordat het binnenkomt, maar het vertrekt zonder afscheidsgroet.

Deens spreekwoord

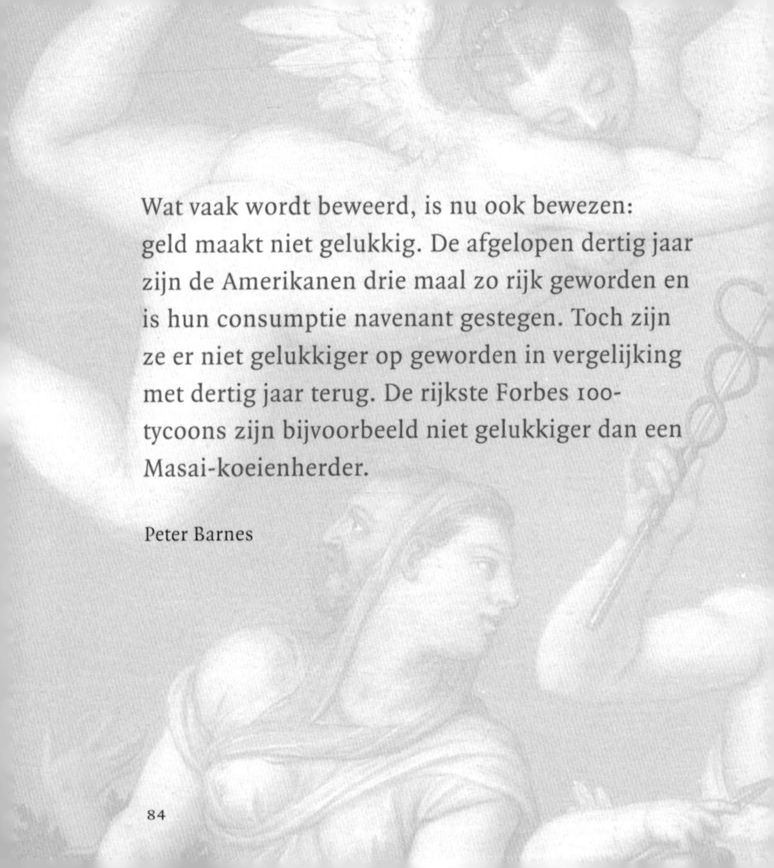

Wat vaak wordt beweerd, is nu ook bewezen: geld maakt niet gelukkig. De afgelopen dertig jaar zijn de Amerikanen drie maal zo rijk geworden en is hun consumptie navenant gestegen. Toch zijn ze er niet gelukkiger op geworden in vergelijking met dertig jaar terug. De rijkste Forbes 100-tycoons zijn bijvoorbeeld niet gelukkiger dan een Masai-koeienherder.

Peter Barnes

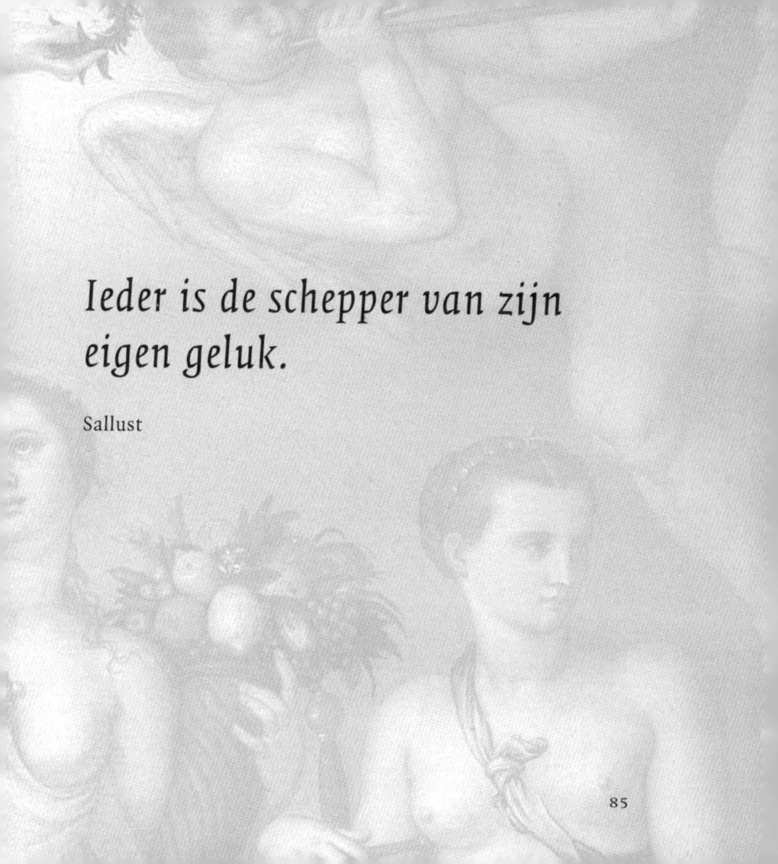

Ieder is de schepper van zijn eigen geluk.

Sallust

Een moeder heeft - ook als ze al heel zwak en hulpeloos is - nog altijd de kracht om haar kind geluk te geven.

Theodor Herzl

Zolang er leven is, is er ook geluk.

Leo Tolstoi

Het geluk is aan hen die tevreden met zichzelf zijn. Want alle bronnen van geluk en genot die van buiten komen zijn van nature hoogst onzeker, bedenkelijk, vergankelijk en van het toeval afhankelijk.

Arthur Schopenhauer

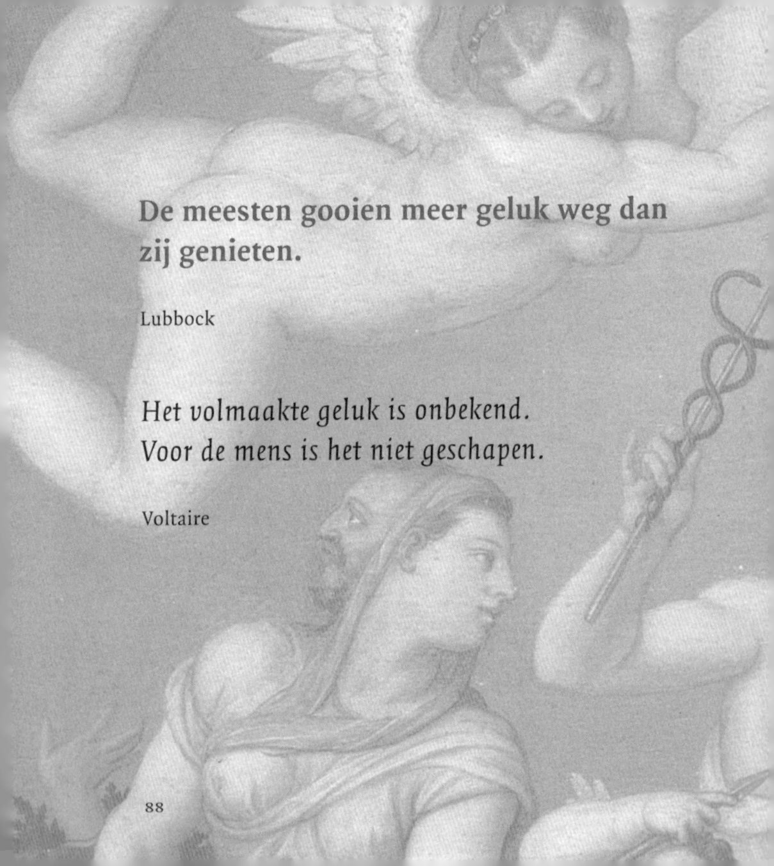

De meesten gooien meer geluk weg dan zij genieten.

Lubbock

Het volmaakte geluk is onbekend.
Voor de mens is het niet geschapen.

Voltaire

Tussen hoop en herinnering bloeit uw geluk.

C.S. Adama van Scheltema

Het nastreven van geluk en schoonheid als direct doel is dwaasheid. Geluk en schoonheid zijn bijproducten.

Bernard Shaw

De onzekerheid van het geluk is wreder dan de zekerheid van het ongeluk.

Conscience

Geluk is niet iets wat je zomaar overkomt, het geluk wordt voor een groot deel bepaald door de keuzes die je maakt. (...) En ook al brachten die niet altijd het gehoopte resultaat: ze hebben me nooit gespeten. Want spijt is het lelijke stiefzusje van geluk.

Robert Long

Goedheid is een van de meest onmisbare voorwaarden voor geluk.

Durville

De schoonheid is de zichtbare godheid, het voelbare geluk, en de hemel die neergedaald is op de aarde.

Théophile Gautier

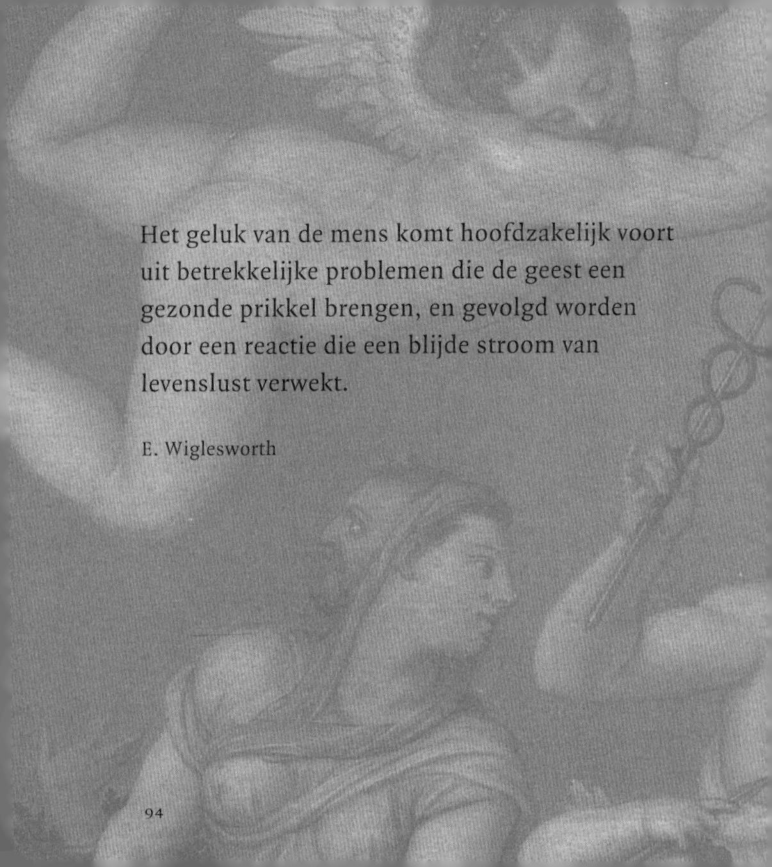

Het geluk van de mens komt hoofdzakelijk voort uit betrekkelijke problemen die de geest een gezonde prikkel brengen, en gevolgd worden door een reactie die een blijde stroom van levenslust verwekt.

E. Wiglesworth

Het geluk is een 'hoe', geen 'wat', een talent, geen object.

Hermann Hesse

Vriendschap en liefde brengen geluk in het leven van een mens, zoals twee lippen de kus die de ziel in vervoering brengt.

Friedrich Hebbel

Het geluk helpt de dapperen.

Terentius

Zelfvertrouwen is voor gelukkige mensen. Ongelukkigen moeten maar ambitieus worden, er zit niets anders op.

Renate Rubinstein

Het geluk is niet gemakkelijk te verwerven. Het is moeilijk het in ons te vinden en het is onmogelijk het elders te vinden.

Chamfort

Het geluk vliegt; die het pakt, die heeft het. - Het geluk is rond; die het krijgt die heeft het. - Die het geluk heeft, gebraden eenden vallen hem in de mond. - Die het geluk heeft, leidt de bruid ter kerke, al komt hij laatst.

Oude volksgezegden

Hoe gelukkig is de lezer? Hij kan zich zijn schrijver uitzoeken.

Kurt Tucholsky

Men zou oud moeten zijn geweest om het geluk te beseffen van jong te zijn.

Comtesse Diane

Het ware geluk bevat evenveel ontzegging als genot.

M. du Camp

Gehuwden met kinderen lijken niet gelukkiger dan gehuwden zonder kinderen. Ouderschap lijkt eerder het geluk iets te doen afnemen, waarschijnlijk doordat de aanwezigheid van kinderen de intimiteit tussen de partners enigszins vermindert.

dr. R. Veenhoven

Het lot van de mens
kent geen achterdeurtjes
voor geluk en ongeluk;
ze komen als de mens zelf
ze roept.

Chinees gezegde

Wie zijn geluk niet kent, leeft ongelukkig in rijk bezit.

Joost van den Vondel

Het geluk is een beker die men langzaam moet uitdrinken om de droesem die op de bodem ligt niet in beweging te brengen.

Deuter

Het geluk is blind.

Cicero

Men is altijd precies zo gelukkig en zo ongelukkig als men zich verbeeldt te zijn.

Ernst Hohenemser

De Gouden Eeuw: de eeuw van Saturnus, waarin de aardbodem zonder arbeid te vergen, ruimschoots in de behoeften van de mensen voorzag - waarin zelfs de verscheurende dieren in onderlinge vrede leefden - en waarin de mens vrij van alle ondeugden en zorgen een ongestoord geluk genoot.

Hesiodus

Zich in het geluk van een ander verheugen is er deel aan hebben.

William Austin

Alle geluk bestaat uit moed en arbeid.

Honoré de Balzac

Het geluk is de natuurlijke uitstraling van het morele leven; men vindt het alleen als men het niet zoekt.

Louis Rey

Uit onderzoek blijkt dat geluk relatief is. We spiegelen ons aan anderen. Gaan de buren verder en langer met vakantie, dan voelt de eigen vakantie wat minder goed. De buren mogen daardoor wel gelukkiger zijn, maar wij zijn dat juist niet. Dat betekent dat wanneer iedereen tegelijk rijker wordt, het totale geluksgevoel niet hoeft toe te nemen. Maar het betekent ook dat wanneer de ongelijkheid toeneemt, het totale geluk neigt af te nemen.

Arjo Klamer

Ons geluk en onze zielenrust zijn afhankelijk van het feit dat we doen wat we juist en fatsoenlijk achten, en niet dat we doen wat anderen zeggen of doen.

Mahatma Gandhi

Wanneer een vrouw meent dat zij zo nodig voor het geluk van een man moet zorgen, is zij er na aan toe hem ongelukkig te maken.

Gerard Reve

Geloof aan uw geluk, zo krijgt ge het.

Arabisch spreekwoord

Gelukkig zijn is ook een deugd.

Ludwig Börne

Om geluk te smaken behoort men natuurlijke aanleg en het juiste temperament te hebben.

Otto von Bismarck

Het geluk valt ons ten deel in afzonderlijke, losse stukjes, en degenen onder ons die wijs zijn, stellen zich met deze brokstukjes tevreden.

Beatrice Harraden

Ik heb het aards geluk genoten,
ik heb geleefd en bemind.

Friedrich von Schiller

Ons geluk bestaat in
gedachten, hoop en verlangen;
het bezit van wat men wenst,
is het einde van de vreugde.

S. Evremond

Vaak komt het geluk binnen door een deur waarvan je absoluut niet wist dat je hem open had laten staan.

John Barrymore

Smart en geluk hangen meer af van wat wij zijn, dan van wat ons overkomt.

Multatuli

Er is geen weg naar geluk, geluk is de weg.

Boeddha

Huisvrouwen zijn niet ongelukkiger dan vrouwen met een betaalde baan en stedelingen niet ongelukkiger dan boeren of dorpelingen. In de ontwikkelingslanden is men gelukkiger in de zo verafschuwde sloppenwijken van de grote steden dan in dorpjes op het platteland. Mensen in die ontwikkelingslanden voelen zich beduidend ongelukkiger dan mensen in het moderne, geïndustrialiseerde Westen.

dr. R. Veenhoven

Er zijn mensen wie alleen de moed ontbreekt gelukkig te zijn.

Bardoux

Heeft het geluk niet zijn zetel in onze eigen borst, dan kunnen we wijs, of rijk, of groot zijn, maar nooit gelukkig.

Burns

Gelukkig de man die in zijn eigen huis achter de kachel zit en weltevreden is.

Joseph von Eichendorff

Succes is krijgen wat je verlangt. Geluk is houden wat je hebt.

Jackson Brown

Mensen te kennen die met je meevoelen en met je meeleven, dat is dacht ik toch wel het grootste geluk op aarde.

Carl Spitteler

Bij elkaar blijven en voor elkaar kiezen, dat zijn keuzes. Ik voel me heel erg thuis bij mijn vriendin en het is mijn overtuiging dat je pas echt gelukkig kan worden als je niet meer dan één thuis hebt.

Gijs Staverman

Van buitenaf komt het geluk nooit tot de mens.

Leopold Schefer

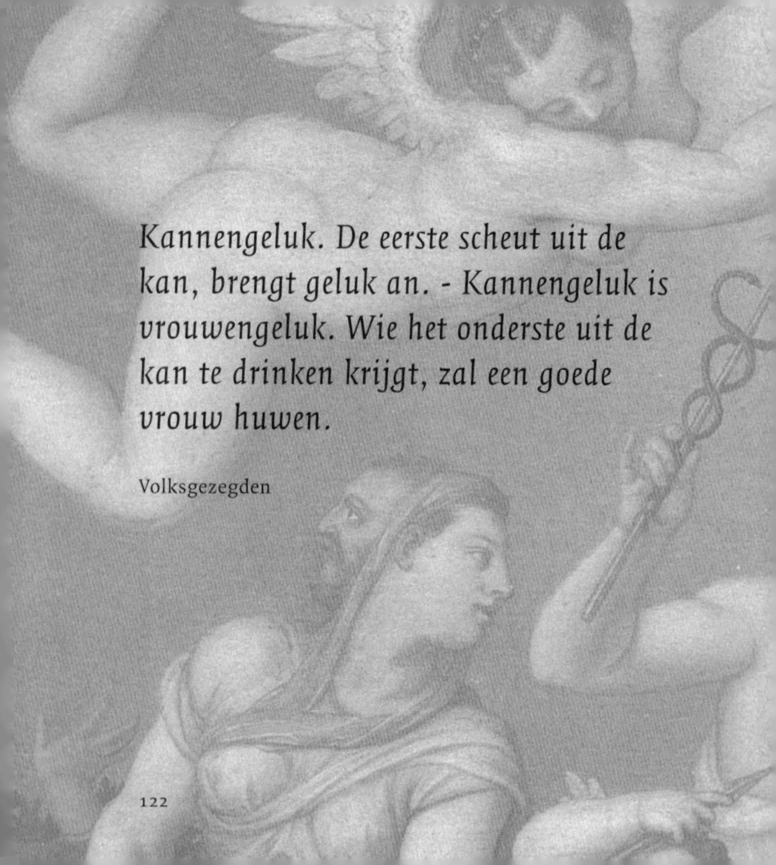

Kannengeluk. De eerste scheut uit de kan, brengt geluk an. - Kannengeluk is vrouwengeluk. Wie het onderste uit de kan te drinken krijgt, zal een goede vrouw huwen.

Volksgezegden

Het geluk op zich is niets, maar alles is geluk voor een ziel die goed weet te leven. Het gaat er dus niet om het geluk na te streven, maar het leven te ontwikkelen dat ons het geluk geeft.

George Sand

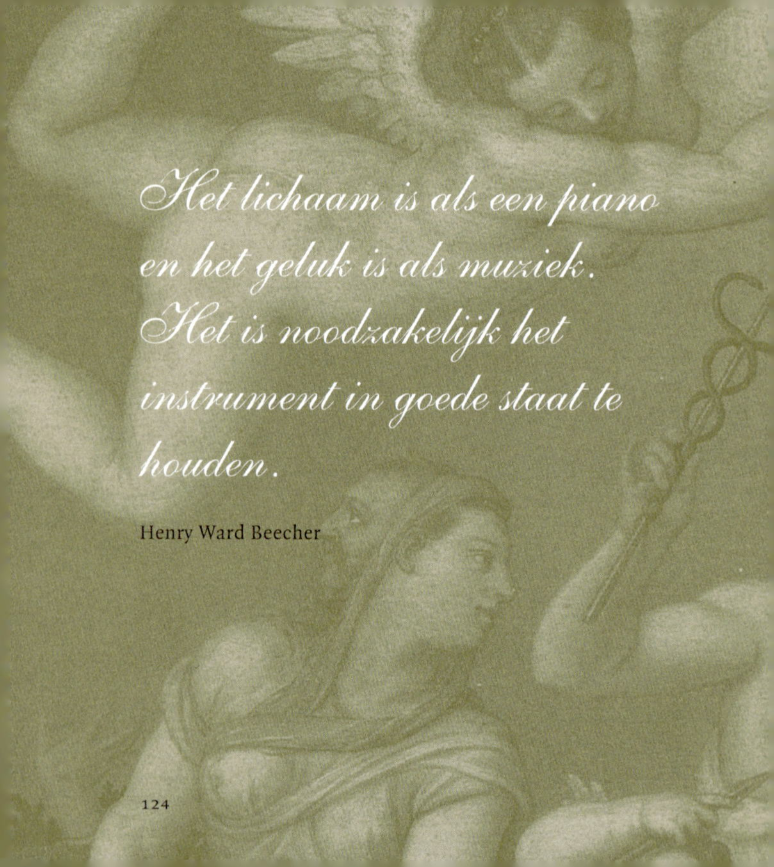

Het lichaam is als een piano en het geluk is als muziek. Het is noodzakelijk het instrument in goede staat te houden.

Henry Ward Beecher

Het is lichter nooit in
rampspoed te versagen,
dan met bescheidenheid
een groot geluk te dragen.

Wilhelm Müller

Het geluk verdeelt zijn gaven
Zonder keus of billijkheid.

Friedrich von Schiller

Te veel geluk is ongeluk.

Spreekwoord

Sleur is de houtworm van het geluk.

Jules de Corte

Het gelukkigst is hij die de verdiensten van anderen weet te waarderen en zich kan verheugen in de vreugde van anderen als ware het de zijne.

Johann Wolfgang von Goethe

Men moet de mensen overtuigen van het geluk waarvan ze de aanwezigheid niet beseffen, precies op het ogenblik dat ze ervan genieten.

Charles de Montesquieu

Geluk is iets wat je kunt geven zonder dat je het hebt.

Ricarda Huch

Er bestaat geen volkomen opgaan van twee mensen in elkaar. Het zal altijd een aantrekken en afstoten en wedervinden moeten blijven. Men moet elkaar veel vergeven. Maar het grote vertrouwen moet er zijn. Dan komt ook het geloof en het geluk.

Wilhelm von Polenz

Het geluk verlangt bronzen harten en het grift zich daar langzaam in.

Victor Hugo

Naar deze periode van uw leven, zo wreed om door te komen, zult ge wellicht eens terugverlangen; en zonder het te weten, verbruikt ge misschien thans uw deel van het aardse geluk.

J. Roux

Niet geluk te hebben is het doel van ons bestaan, maar geluk waardig te zijn.

Plinius

Een band met een partner is in de westerse maatschappij een van de belangrijkste voorwaarden voor geluk.

dr. R. Veenhoven

Geluk is zelfgenoegzaamheid.

Aristoteles

Ongeluk is beter te regeren dan geluk.

Andreas Sutor

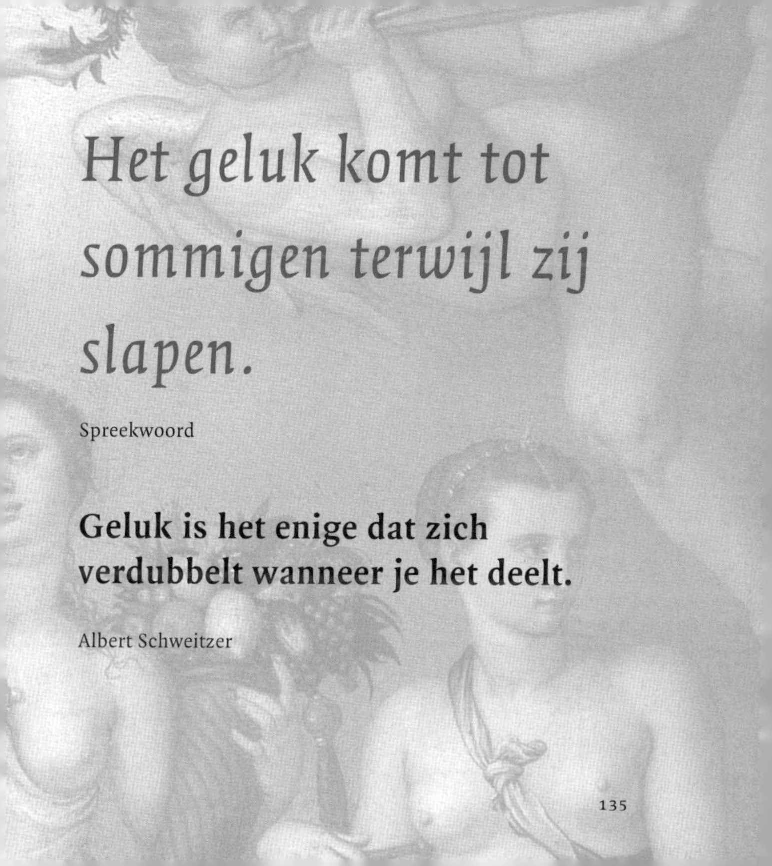

Het geluk komt tot sommigen terwijl zij slapen.

Spreekwoord

Geluk is het enige dat zich verdubbelt wanneer je het deelt.

Albert Schweitzer

Geen mens kan duizend dagen
achtereen en ongestoord
van geluk genieten, zoals de
bloemen ook geen honderd
dagen blijven bloeien.

Tseng-Kuang

De mens sympathiseert liever met ongeluk dan met geluk.

Simone de Beauvoir

Slaap is het enige geluk waarvan je pas echt geniet wanneer het voorbij is.

Alfred Polgar

Gelukkig zijt ge, indien ge uw geluk beseft.

Joost van den Vondel

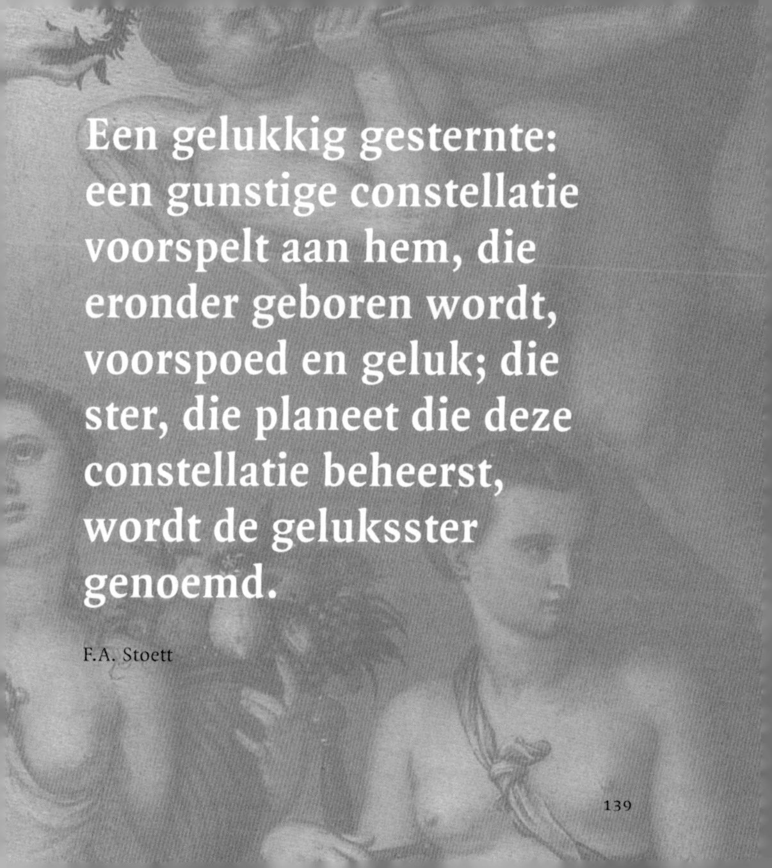

Een gelukkig gesternte: een gunstige constellatie voorspelt aan hem, die eronder geboren wordt, voorspoed en geluk; die ster, die planeet die deze constellatie beheerst, wordt de geluksster genoemd.

F.A. Stoett

Het geluk in uw leven hangt af van de aard van uw gedachten.

Marcus Aurelius

Een gezonde geest in
een gezond lichaam is een
korte, maar volledige
beschrijving van een
gelukkige toestand in deze
wereld.

John Locke

Leren onszelf met een rustig gemoed aan te passen bij wat mogelijk en haalbaar is, daarin ligt het geluk besloten.

Al-Anon

Het geluk van anderen is voor ons volstrekt noodzakelijk.

George Sand

De gelukkigste mens is hij die het einde van zijn leven met het begin kan verbinden.

Johann Wolfgang von Goethe

De idealisten geven zich er geen rekenschap van dat verreweg het grootste deel van het menselijk geluk bestaat in activiteit, en dat slecht een zeer klein restant bestaat in passief genieten.

Bertrand Russell

Het geluk is een parfum: wij kunnen het niet over een ander uitstorten zonder dat er enkele druppels op onszelf vallen.

William Shakespeare

Genot is het geluk der dwazen, geluk is het genot der wijzen.

Bouillers

Het geluk bindt de mensen niet aan elkaar; zij moeten samen geleden hebben om elkaar te beminnen zoveel zij vermogen.

Lamennais

Zo moet men leven: altijd de kleine genoegens genieten tot het grote geluk komt. En mocht het niet komen dan heb je in ieder geval de 'kleine gelukjes' gehad.

Theodor Fontane

Ook de moordenaar komt terug naar de plek waar hij gelukkig was.

Harry Mulisch

Het is ons schijnbare geluk dat ons de meeste vijanden maakt.

Alexandre Dumas fils

Schat naar de gevels van de huizen, 't geluk daar binnen niet altijd.

Hendrik Tollens

Het gelukkigst was ik in de schaarse momenten dat ik thuis was, in de boezem van mijn gezin.

Thomas Jefferson

Het wisselvallig lot heeft
u, zolang u leeft,
Niet een geluk beloofd dat
niet een bijsmaak heeft.

Racine

Onderzoek maakt verder
duidelijk dat geluk in de zin
van je goed voelen niet zozeer
een kwestie is van consumeren,
maar van het goede doen.
Het goede gevoel komt als je
dat wat je doet, goed doet.

Arjo Klamer

Geluk is meer een gevolg van wijsheid dan een geschenk van het lot.

L. Veuillot

Een ogenblik van geluk is niets minder waard dan eeuwenlange roem.

Frederik de Grote

Het gezicht van iemand die zich heel gelukkig voelt, heeft een uitdrukking van hevige pijn.

A. Herzen

Een gelukkig mens vindt overal zijn vaderland.

Spreekwoord

Geluk is de vrijheid krijgen om te blijven zoeken naar het geluk.

Hugo Raes

Schoonheid maakt niet degene die haar bezit gelukkig, maar degene die haar kan liefhebben en aanbidden.

Hermann Hesse

Men hoeft niet ver te gaan om het geluk te ontmoeten: men hoeft slechts over de drempel van het egoïsme te stappen.

G. Joseph

Voor een flink mens zijn geluk en ongeluk gelijk rechter- en linkerhand: hij gebruikt ze beide.

Catharina van Siena

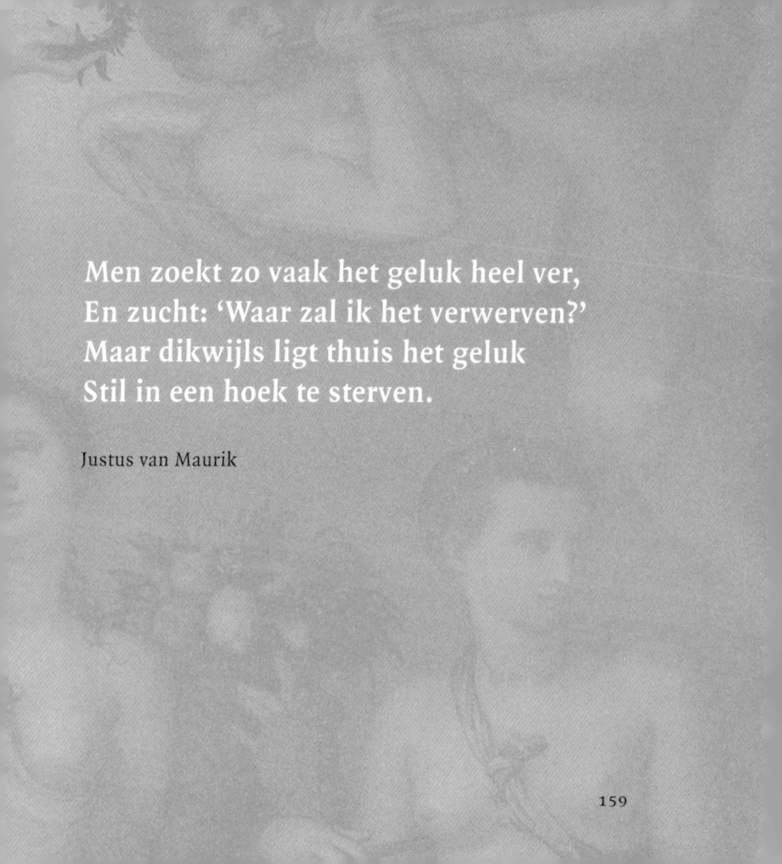

Men zoekt zo vaak het geluk heel ver,
En zucht: ‘Waar zal ik het verwerven?’
Maar dikwijls ligt thuis het geluk
Stil in een hoek te sterven.

Justus van Maurik

Er bestaat meer ongezocht dan opzettelijk nagestreefd geluk.

C.J. Wijnaendts Francken

In het geluk springen wij vaak uit de band; het is niet gemakkelijk in het geluk zijn bezinning te bewaren.

Ovidius

Liberalisme als vrijwillige onthouding - dat kenmerkt John Stuart Mill meer dan oppervlakkig hedonisme of het zelfzuchtige 'vrijheid blijheid'. Een goede daad levert een nuttige bijdrage tot het bereiken van het grootst mogelijke geluk voor het grootst mogelijke aantal mensen. 'Geluk' kon daarbij een alledaags geluksgevoel of vrijwaring van gebrek zijn, maar ook geluk in termen van de klassieke hogere deugden.

Cor Hermans

Geluk verschijnt dikwijls als een schone tovergodin in een schitterend kleed, maar nog vaker als een assepoester in een eenvoudig huisgewaad.

Melati van Java

Geluk hebben is lichter dan een veer, maar niemand kan het dragen. Pech hebben is zwaarder dan de aarde, maar niemand kan er zich van bevrijden.

Lao-tse

Niets is in alle opzichten gelukkig.

Horatius

Een rechtermollenpoot in den zak dragen brengt geluk aan. Vroeger droeg menigeen - thans veel minder - een afgesneden poot (of hand) van een mol bij zich en beschouwde dat toovervoorwerp als een talisman, die onheil afweren en geluk aanbrengen zou.

A. de Cock

Mollenpootje, zei dat lief meisje,
Mollenpootje is geluk voor mij!

Volksliedje

Met alle middelen om gelukkig te zijn weet men vaak slechts te lijden en te doen lijden.

Fliegende Blätter

Bent u gelukkig? Fijn, maar laten we over prettiger dingen praten.

Wiet van Broeckhoven

De natuur heeft eenieder tot het beleven van geluk in staat gesteld, mits men dat weet in te zien.

Claudianus

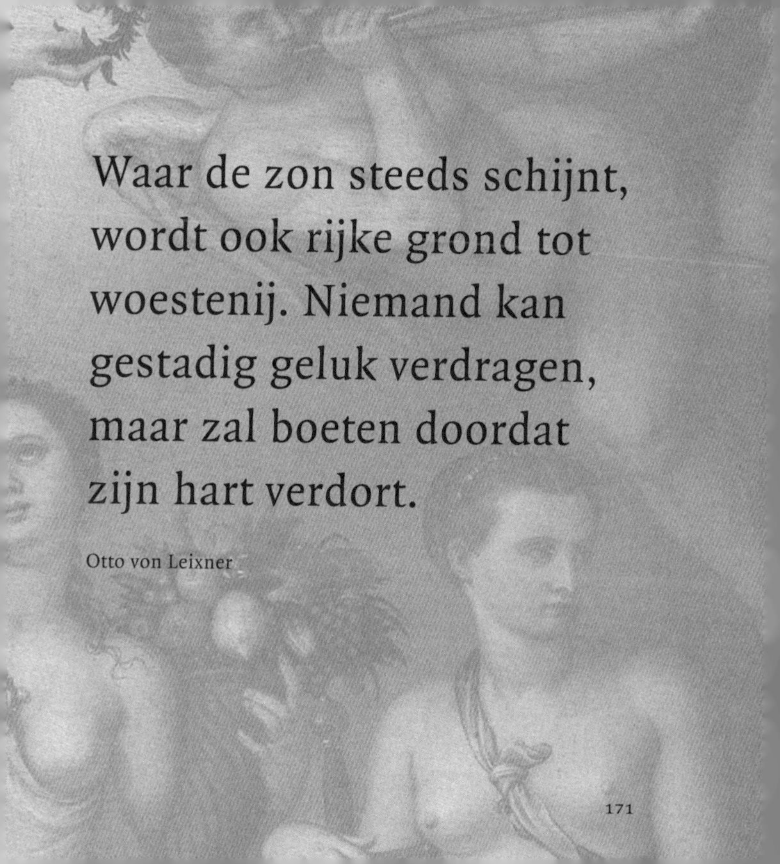

Waar de zon steeds schijnt, wordt ook rijke grond tot woestenij. Niemand kan gestadig geluk verdragen, maar zal boeten doordat zijn hart verdort.

Otto von Leixner

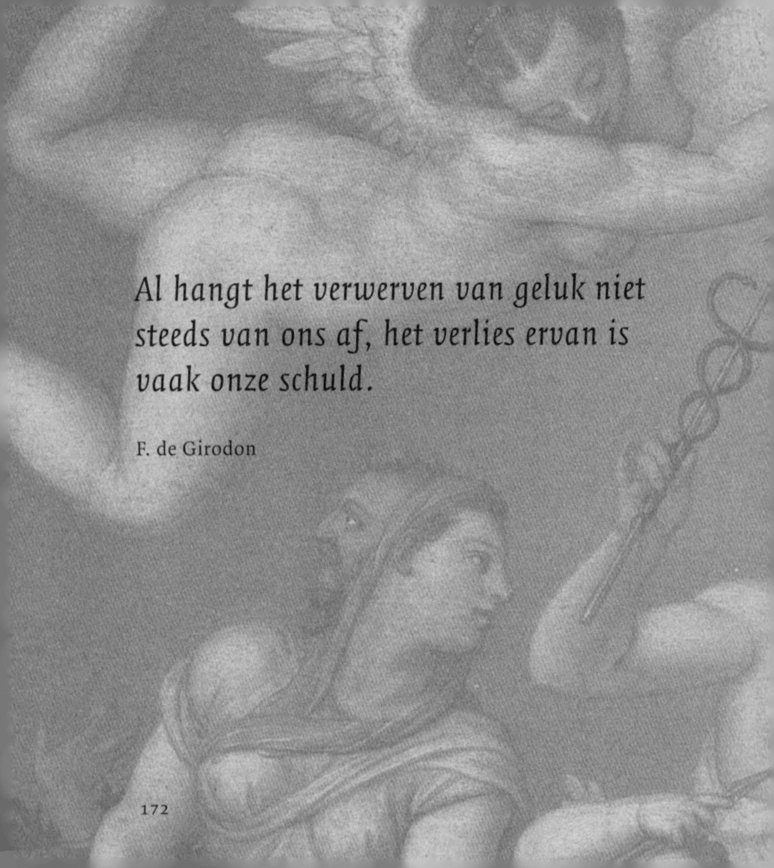

Al hangt het verwerven van geluk niet steeds van ons af, het verlies ervan is vaak onze schuld.

F. de Girodon

Vijf zonnige minuutjes
in het leven van alledag
kunnen meer geluk geven
dan een zonovergoten dag
in de vakantie.

Peter Lesser

Men heeft van het geluk
gezegd dat het slechts
vertroost ongeluk is;
men zou van het ongeluk
kunnen zeggen dat het
slechts verzuurd geluk is.

Marie de Lescure

Zelfs indien gerechtvaardigd is geluk een voorrecht.

E. Thiaudière

Het ware geluk bestaat erin gelukkig te maken.

Indisch spreekwoord

In ons koortsachtig streven naar geluk zien wij de kleine en rustige genotsbronnen over het hoofd, die ongezocht op onze weg liggen en het duurzaamst tot ons geluk vermogen bij te dragen.

C.J. Wijnaendts Francken

Schoonheid is niets anders dan de belofte van geluk.

Stendhal

Joke: Het ongeluk heeft ons geluk nooit in de weg gestaan. Je houdt van elkaar, zo eenvoudig is dat. In voor- én tegenspoed.
Koos: Ik heb, ondanks alles, het leven tot nu toe écht geleefd.

Joke en Koos Alberts

Gooi een gelukkig mens in zee en hij komt eruit met een vis in zijn mond.

Arabisch gezegde

In Duitschland brengt de spin geluk in huis, beschut het tegen den bliksem, en mag daarom niet gedood worden; spinnewebben brengen ook geluk in den stal en houden de heksen buiten.

A. de Cock

Behandel het geluk alsof het een vogel is: zo lichtjes en losjes mogelijk! Als hij zich vrij voelt, blijft hij graag op je hand zitten.

Friedrich Hebbel

Om gelukkig te zijn moet men in het geluk geloven.

Leo Tolstoi

De dingen worden voorafgegaan door de geest, beheerst door de geest, gevormd door de geest. Wanneer men uit een bedorven geest spreekt of handelt, volgt het lijden ons zoals het karrenwiel de poot van een trekos volgt. Wanneer men spreekt of handelt uit een reine geest, volgt het geluk ons als de schaduw die ons niet verlaat.

Boeddha

Gelukkig is hij die zijn bezinning kwijt is.

Sophocles

Eerlijk en met genoegen een werk verrichten dat ons bevalt, dat is simpelweg geluk.

Jules Claretie

Het geluk wordt samengesteld uit vermeden ongeluk.

Alphonse Karr

Een wezenlijk bestanddeel van ieder geluk is de gedachte het te hebben verdiend.

Joseph Joubert

De mens moet al zwoegende
de harde bodem van het lot
beploegen, moet zelf de oogst
van het geluk bereiden,
en daden in de open voren
strooien.

Heinrich von Kleist

Men kan veel kleine, bijkomstige gelukjes bijeenvoegen om er één totaal geluk van te maken.

Charles-Augustin Sainte-Beuve

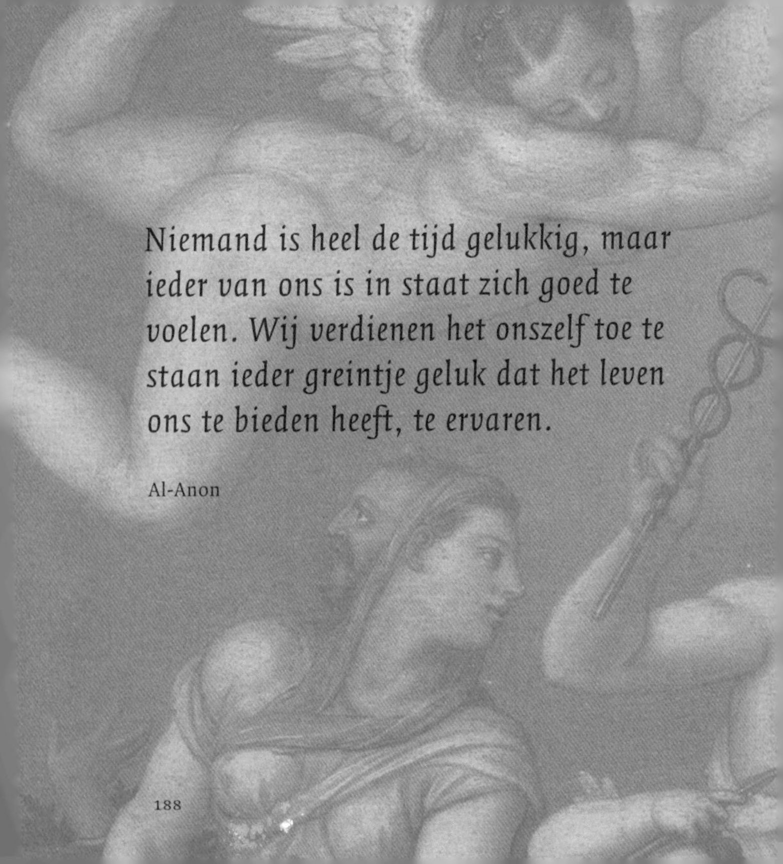

Niemand is heel de tijd gelukkig, maar ieder van ons is in staat zich goed te voelen. Wij verdienen het onszelf toe te staan ieder greintje geluk dat het leven ons te bieden heeft, te ervaren.

Al-Anon

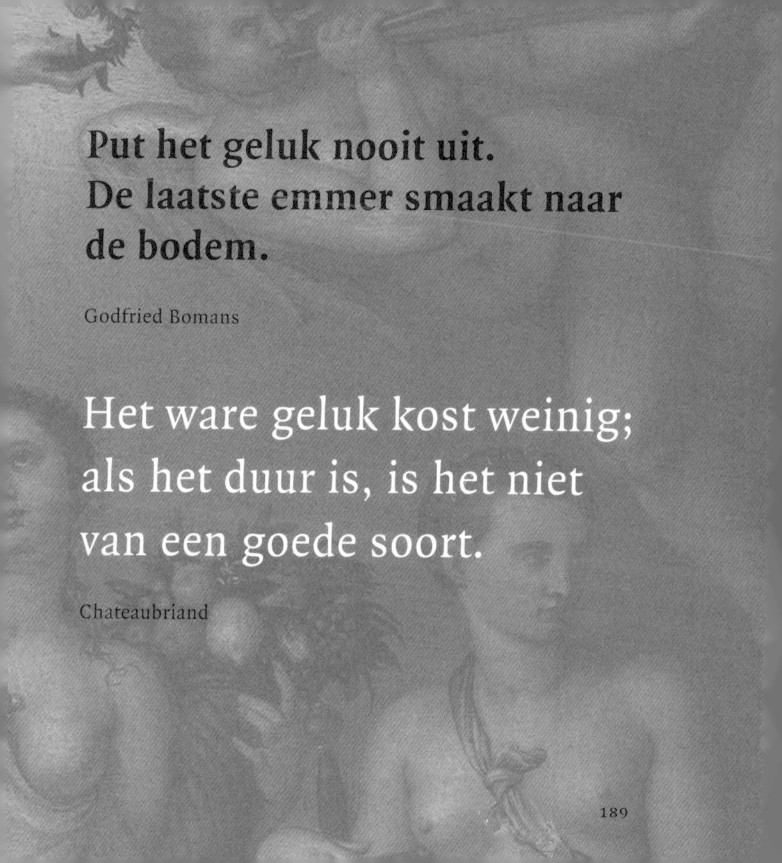

**Put het geluk nooit uit.
De laatste emmer smaakt naar
de bodem.**

Godfried Bomans

Het ware geluk kost weinig;
als het duur is, is het niet
van een goede soort.

Chateaubriand

Wie een dag gelukkig wil zijn,
die drinkt!
Wie een week gelukkig wil
zijn, die slacht een varken!
Wie een jaar gelukkig wil zijn,
die trouwt!
Wie altijd gelukkig wil zijn,
die wordt tuinman!

Volkswijsheid

Is het geluk iets anders dan een hoog, een edel levensdoel gevonden te hebben?

Louis Couperus

Wie het geluk niet kan genieten als het komt, moet niet klagen als het hem verlaat.

Miguel de Cervantes

Keer in stilte tot jezelf terug, rust in jezelf uit, zo voel je het grootste geluk.

Friedrich Rückert

Al onze ellende komt hieruit voort dat wij alleen aan onszelf denken, terwijl het geheim van het geluk is, alleen aan anderen te denken.

Teodor de Wyzewa

't Geluk is veil voor zweet noch zorgen;
't ontvlucht hem die naar hoger staat;
maar vertoeft in 't schuilend dal verborgen,
als huisgenoot, bij Middelmaat.

A.C.W. Staring

Er ligt een soort van schande in, gelukkig te zijn in het gezicht van zekere ellenden.

J. de la Bruyère

Een mens die niet zijn eigen weg durft gaan, die het nooit heeft durven wagen met het leven, die nooit geworsteld heeft, zal nooit het geluk kennen.

Krishnamurti

Zoeken waarom men gelukkig is, is reeds een vermindering van het geluk.

R. le Coeur

Ja, we zijn al twaalf jaar gelukkig samen. Maar de mensen die onze relatie zien, moeten niet denken dat het makkelijk is, want dat is het niet. Ik ben een harde werker bij alles wat ik doe. Dat we elkaar hebben gevonden, was puur geluk.

Hilary Swank

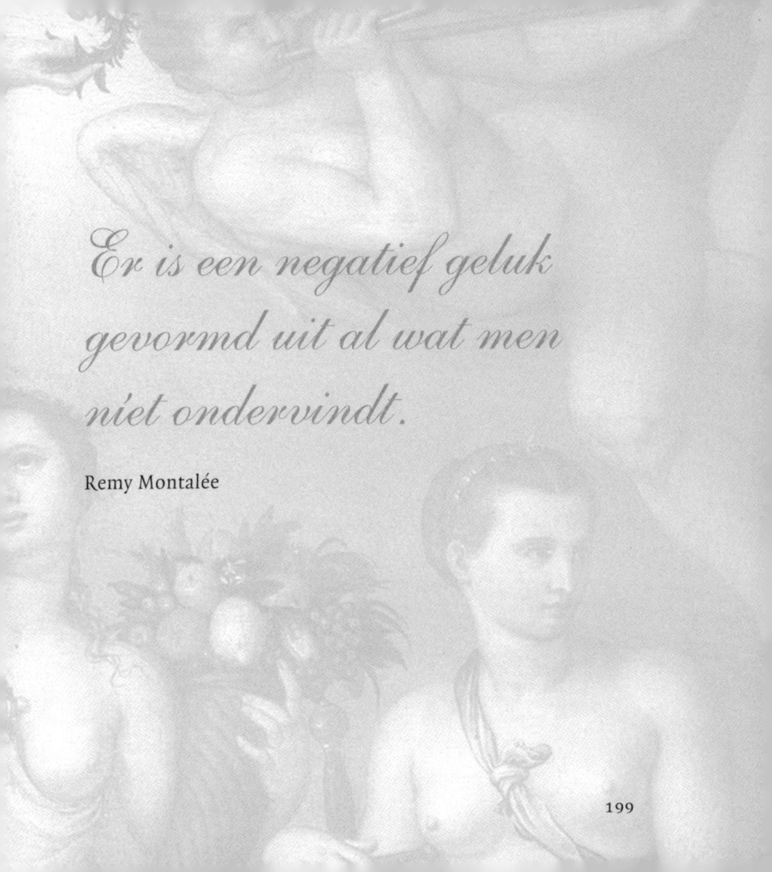

Er is een negatief geluk gevormd uit al wat men niet ondervindt.

Remy Montalée

Vermaak kan berusten op inbeelding, maar geluk berust op waarheid: deze alleen kan ons datgene geven waarvoor de menselijke natuur vatbaar is. De mens die gelukkig is door illusie, heeft zijn vermogen in speculatie; hij die gelukkig is op grond van waarheid, heeft zijn vermogen in landbezit en goede geldbeleggingen.

Chamfort

Het geluk van anderen is de troost van hen die niet meer gelukkig kunnen zijn.

Honoré de Balzac

Het geluk (en het ongeluk) hangt niet af van de uiterlijke gebeurtenissen, maar van de wijze waarop wij het aanvaarden.

Leo Tolstoi

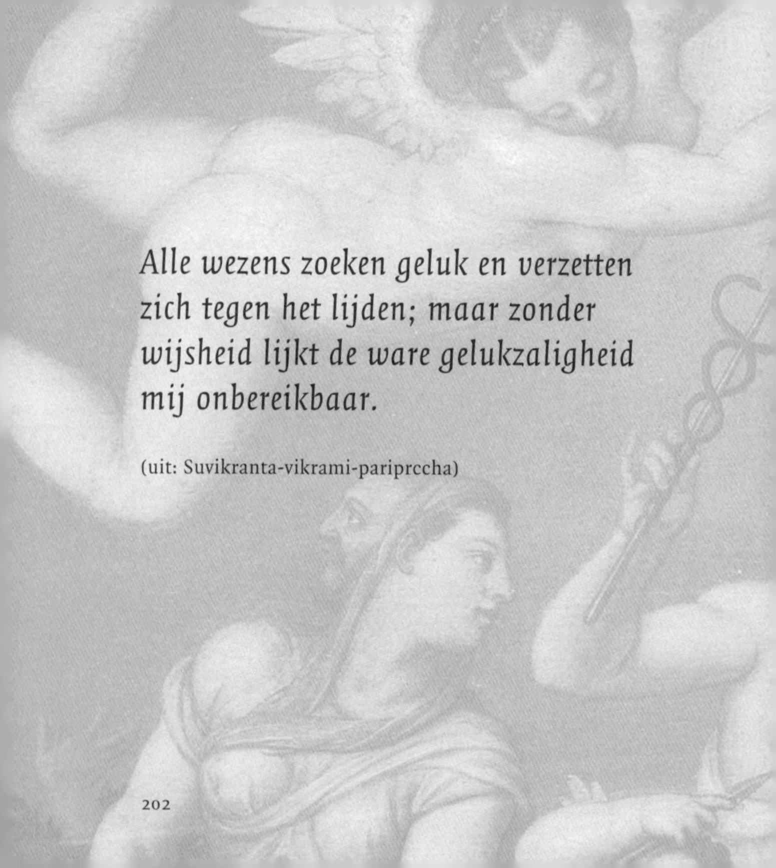

Alle wezens zoeken geluk en verzetten zich tegen het lijden; maar zonder wijsheid lijkt de ware gelukzaligheid mij onbereikbaar.

(uit: Suvikranta-vikrami-pariprccha)

Waar geluk is tamelijk goedkoop; en toch, hoe duur betalen wij voor de namaak!

Hosea Ballou

Draag het geluk in u, of u zult het nergens vinden, zelfs in de hemel niet.

F.W. Drijver

Het geluk is een wijn van een zeer zeldzaam jaar en is flauw voor een vulgaire smaak.

L.P. Smith

Ik denk dat geluk is: geen pijn hebben.

Pieter Cramer

Het geluk is als een baldadige jongen.
Het belt aan en loopt weg.

Fliegende Blätter

Een bepaalde invloed van aanhoudende verveling is essentieel voor een gelukkig leven.

Bertrand Russell

Het geluk is daar waar men het vindt, zelden waar men het zoekt. Het hangt meer af van onze geneigdheid het te aanvaarden, dan van onze pogingen om het na te streven.

John Petit-Senn

Huiselijk geluk, gij enige zegen van het Paradijs, die de zondeval heeft overleefd!

William Cowper

We zijn gemaakt om geluk te zoeken. En het is duidelijk dat gevoelens van liefde, genegenheid, verbondenheid en mededogen voor geluk zorgen. Ik geloof dat ieder van ons het in zich heeft gelukkig te worden, toegang te krijgen tot de vriendelijke en mededogende geestestoestanden die tot geluk leiden.

Tenzin Gyatso (de 14de Dalai Lama)

Het geluk loopt hem bij stralen het gat uit. - Het is al geluk, waar hij de hand aan slaat.

Oude volksgezegden

Uit moeite, angst en zielensmart bouwt het geluk ons de ladder. Wat ons in het leven van harte verheugt, brengt ons zelden verder.

Kory Towska

Geluk is een seconde die
eeuwigheid wil zijn.

Gerrit Komrij

Geluk te hebben is hemelsgunst;
Het recht te genieten is mensenkunst.

A. Roderich

Het geluk schenkt niets, het leent alleen.

Spreekwoord

Het komt voor het geluk op staat en stand niet aan; 't is eender voor koning en onderdaan.

Alexander Pope

Er zijn groter deugden nodig om het geluk dan om het ongeluk te dragen.

François de la Rochefoucauld

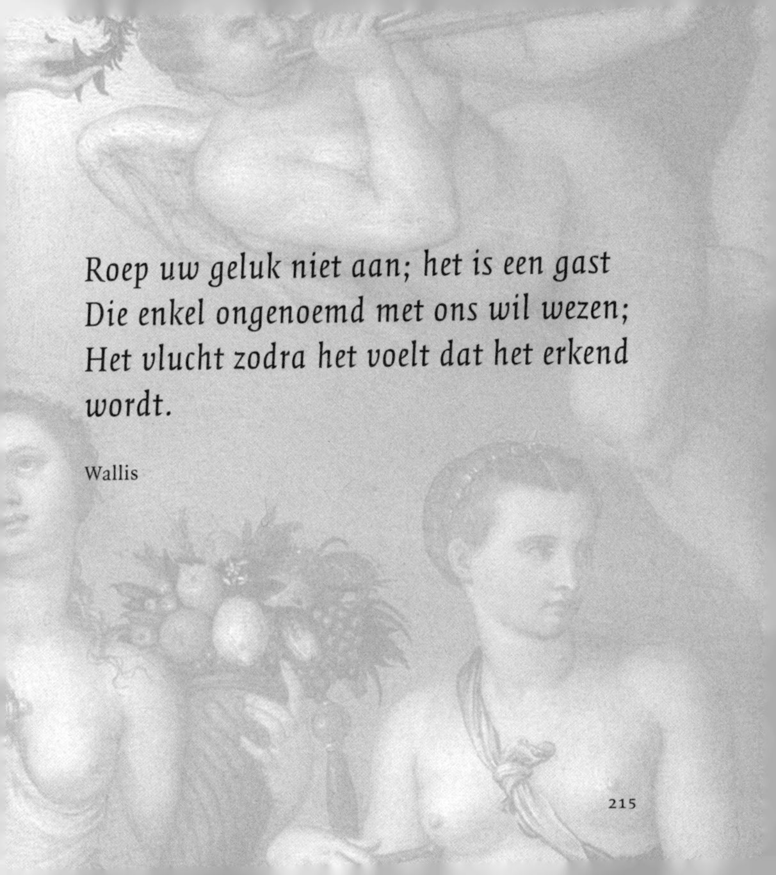

Roep uw geluk niet aan; het is een gast
Die enkel ongenoemd met ons wil wezen;
Het vlucht zodra het voelt dat het erkend
wordt.

Wallis

Het ware geluk kan niets anders zijn dan zich over te geven zonder zich te verliezen, want men vindt zichzelf terug in iets beters dan men zelf is.

Paul Heyse

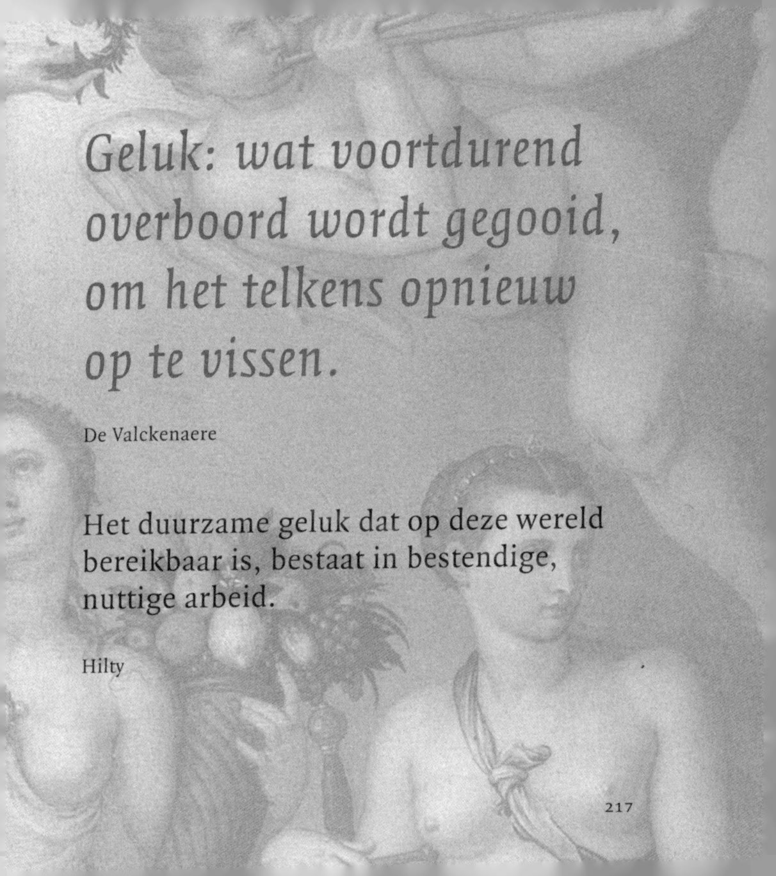

Geluk: wat voortdurend overboord wordt gegooid, om het telkens opnieuw op te vissen.

De Valckenaere

Het duurzame geluk dat op deze wereld bereikbaar is, bestaat in bestendige, nuttige arbeid.

Hilty

Helaas, een jaar van geluk gaat voorbij als een zuchtje wind, een ogenblik van ongeluk is een eeuw vol pijniging.

Alain-René le Sage

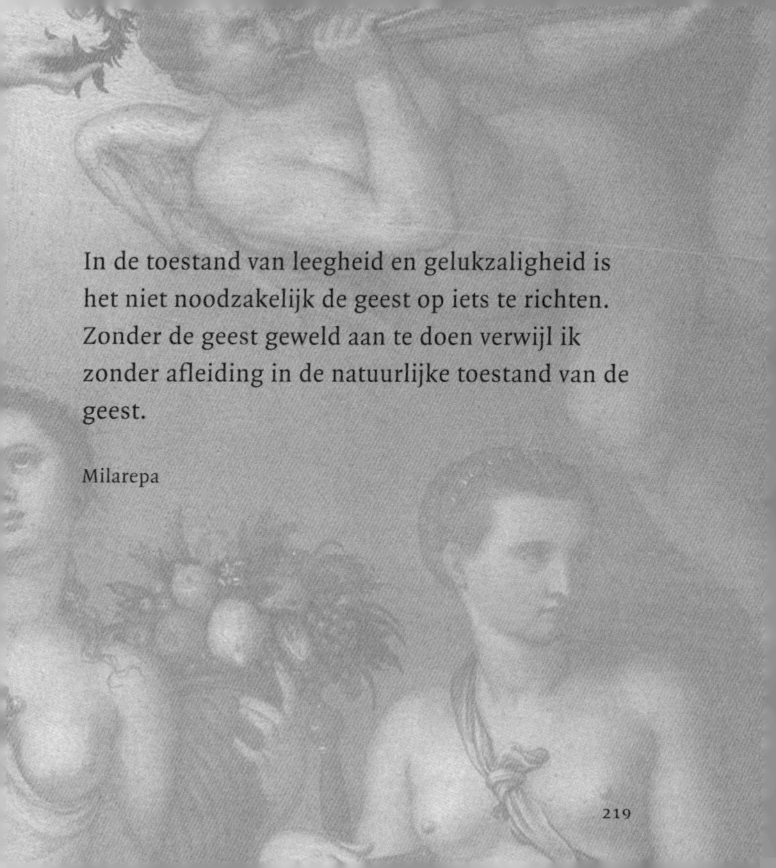

In de toestand van leegheid en gelukzaligheid is het niet noodzakelijk de geest op iets te richten. Zonder de geest geweld aan te doen verwijl ik zonder afleiding in de natuurlijke toestand van de geest.

Milarepa

Een ooievaar op het huis geeft lang leven en geluk voor de bewoner.

Veluwse wijsheid

'Een vriend in de nood' is nog zo veel niet; menigeen wil zich wel hulpvaardig betonen. Maar degenen die u zonder afgunst een geluk gunnen, die mag u waarlijk vrienden noemen.

Paul Heyse

Zichzelf in 't hart van anderen vinden,
Dat is het enig waar geluk.

E. Rittershaus

Ik ken er die geluk zochten en slechts vreugde vonden, en alles eindigde in tranen.

Daniel Stern

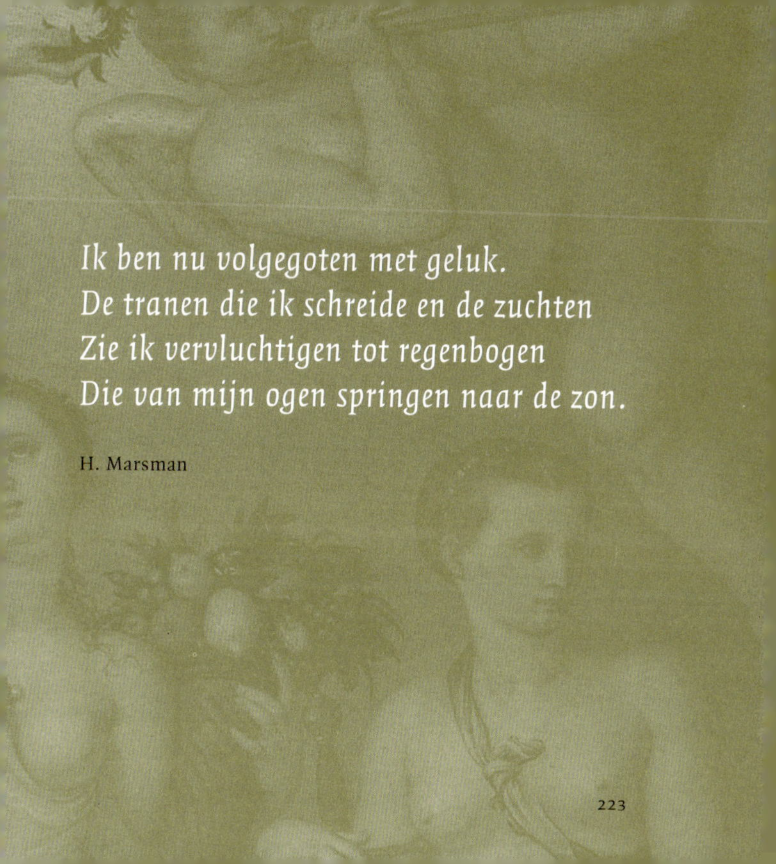

Ik ben nu volgegoten met geluk.
De tranen die ik schreide en de zuchten
Zie ik vervluchtigen tot regenbogen
Die van mijn ogen springen naar de zon.

H. Marsman

'Het geluk is blind' zeggen gewoonlijk zij die door het geluk over het hoofd worden gezien.

Fliegende Blätter

Ik voel me goed als ik een positieve bijdrage weet te leveren aan het huiselijk leven, wanneer ik iets voor een vriend kan doen, of wanneer ik maatschappelijk iets weet bij te dragen. Als dit stuk op een of andere manier niet goed blijkt te werken, voel ik me niet zo goed. Kortom, geluk is een kwestie van je best doen.

Arjo Klamer

Men zou veel gelukkigen maken met al het geluk dat in deze wereld teloorgaat.

De Lévis

Niettegenstaande al ons rond-
dolen is het geluk altijd slechts
in een kleine kring te vinden
en te midden van dingen die in
ons onmiddellijk bereik liggen.

Johann Wolfgang von Goethe

Gelukkige mensen hebben van het leven weinig verwacht.

Brana Crncevic

Hoe vaak droomt een mens van toekomstige gelukzaligheid en verslaapt de huidige.

Cornova

Hoe werd u zo gelukkig?
vraagt iedereen met verbazing.
Van uw ongeluk weet iedereen
onmiddellijk de reden.

Jos. Sami Tauber

Alles is veel voor wie niet veel verwacht.
Het leven houdt zijn wonderen verborgen.
Tot het ze, opeens, toont in hun hoge staat.
Dit heb ik bij mijzelve overdacht,
verregend, op een miezerige morgen.
Domweg gelukkig in de Dapperstraat.

J.C. Bloem

Wat kibbelen de mensen toch vaak over de waarde van het geluk!

Ferdinand Raimund

Ons geluk hangt niet af van wat wij hebben, maar van wat wij zijn.

Meester Constantijn

Men hoeft zich slechts met liefde aan een zaak te wijden en het geluk schaart zich aan onze zijde.

Trojan

Hetzij geluk of ongeval, hij krijgt 't wel, die 't hebben zal. - De een heeft het geluk, de ander zit erop. - Het is al eens wat men kan, als het geluk is tegen de man.

Oude volksgezegden

Ik heb het geluk gekend, maar dat was niet wat me het meest gelukkig heeft gemaakt.

J. Renard

Stukje bij beetje legde ik me neer bij het feit dat mijn zogenaamde ‘als...dan’-wensen niet snel uit zouden komen. Maar ik leerde ook dat ik zelfs zonder deze gelukkig kon zijn.

Al-Anon

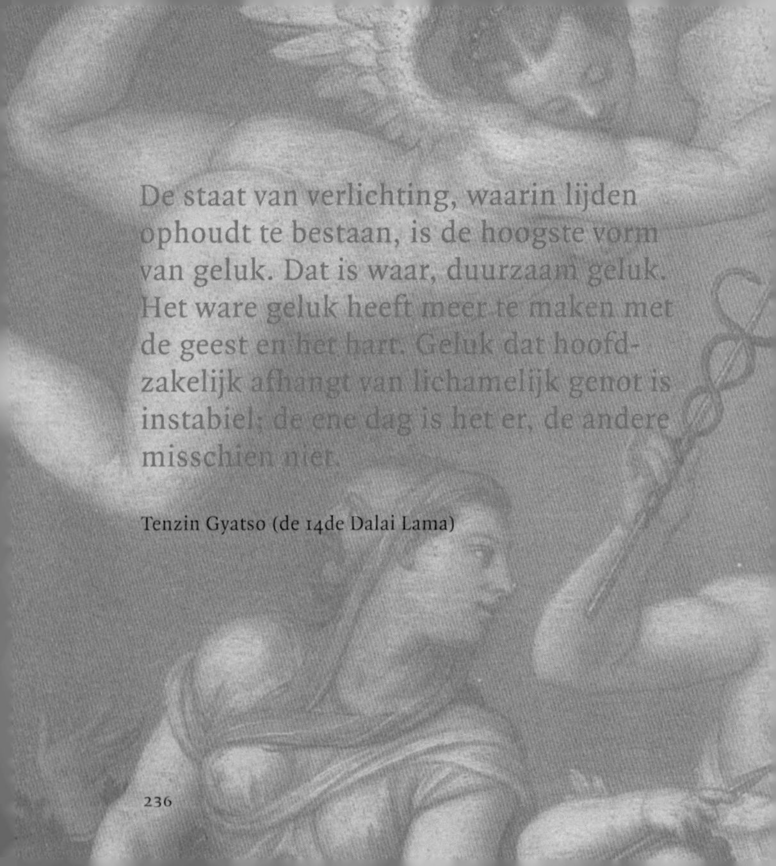

De staat van verlichting, waarin lijden ophoudt te bestaan, is de hoogste vorm van geluk. Dat is waar, duurzaam geluk. Het ware geluk heeft meer te maken met de geest en het hart. Geluk dat hoofdzakelijk afhangt van lichamelijk genot is instabiel; de ene dag is het er, de andere misschien niet.

Tenzin Gyatso (de 14de Dalai Lama)

Een beletsel voor het geluk is het zich op een te groot geluk in te stellen.

Bernard Fontenelle

Het is waar, het geluk is slechts schijn. Welnu, verbeeld u gelukkig te zijn en u bent het.

H.W. Shaw

Het ware geluk moet men verwerven,
het mag niet louter een zaak van…
geluk zijn.

Fliegende Blätter

*De afwezigheid van
ongeluk is al bijna geluk.*

Jacques Normand

Wij gedragen ons alsof comfort en luxe de voornaamste levensbehoeften zijn, terwijl we, om echt gelukkig te zijn, alleen iets nodig hebben dat ons enthousiasme kan wekken.

Kingsley

Het geheim van het geluk is: nooit uw krachten werkeloos te laten.

Adam Clarke

Werk is belangrijk, maar ervaringen in de persoonlijke sfeer zijn het belangrijkst. Ik zou pas echt ongelukkig worden als de relatie met mijn vriend of mijn familie onder druk zou komen te staan. Als je bij hen je geluk vindt, is dat meer dan genoeg.

Ellen ten Damme

Het ware geluk wordt slechts bereikt door inspanning en niet door je te laten gaan.

John Ruskin

Een beest maken, bij het biljarten een geluksstoot maken, een bal bij toeval raken. Eigenlijk 'een stoot maken waar een luchtje aan zit'. In het studentenjargon van begin vorige eeuw noemde men een dergelijke gelukstreffer ook wel een arabier.

Marc de Coster

Het geluk is zo broos
dat men gevaar loopt het
te verliezen alleen al door
erover te spreken.

Jules Lemaître

Als ik anderen aangenaam en
vertrouwend tegemoet treed,
zullen zij mij vreugde en geluk
bezorgen.
Maar schenk ik mijn vertrouwen
aan een waandenkbeeld,
dan krijg ik slechts schade en
ellende terug.

(uit: Bodhicaryavatara)

In de natuur is geen enkele vreugde zo groots en roerend als de vreugde van een moeder over het geluk van een kind.

Jean Paul

Niet een bepaald voorwerp, maar een zeker proces, een zekere toestand van ons gemoed, is het wat wij geluk noemen, niet een ding, maar onze verhouding tot de dingen.

Lindner

Geluk is het verlangen naar herhaling.

Milan Kundera

Is het geluk iets anders dan de meest volmaakte ontwikkeling van het beste wat de mens in zich heeft, het vermogen om te lijden niet uitgezonderd?

Jules Sandeau

Wie valt na al wat hij van het geluk heeft gekend, bekommert er zich weinig om in welke afgrond hij terechtkomt.

Lord Byron

De mensen zijn minder gevoelig voor geluk dan voor ongeluk.

Livius

Je kunt weleens met vrienden bij elkaar zijn en je intens gelukkig voelen. Vroeger bagatelliseerde ik die momenten, maar nu zuig ik ze met volle teugen naar binnen.

Margreet Dolman

Wat het geluk zo zeldzaam maakt, is de zeldzaamheid van de standvastigheid.

Chevalier de Boufflers

Het ware geluk bestaat erin zijn bestemming te vervullen.

Troels Smith

**Geluk vinden en lijden vermijden.
We dienen de factoren te leren kennen
die gelukkig maken,
zodat we ze kunnen beoefenen,
en de factoren die lijden veroorzaken,
zodat we ze kunnen vermijden.**

Lama Kyabje Zopa Rinpoche

Men moet het geluk aangrijpen zoals het komt, anders verspeelt men het.

Theodor Körner

Ik ben gezegend met een hele hoop geluk.

Henkjan Smits

Al het aards geluk berust op een compromis tussen droom en werkelijkheid.

Marcel Prévost

Wanneer men denkt dat het geluk sterk afhankelijk is van karakter, heeft men gelijk; voegt men erbij dat het lot er niet toe doet, dan gaat men te ver.

Vauvenargues

Er zit een engeltje op de lat.
Uitdrukking die wel eens in voetbalkringen gehoord wordt met betrekking tot keepers die veel geluk hebben.

Marc de Coster

Er is kracht voor nodig om het geluk te grijpen; het geeft zich slechts aan de sterken over.

Madame de Gasparin

Door ons leed leren wij ons geluk naar waarde schatten.

John Dryden

Wie geluk wil oogsten, moet humor zaaien.

Geert Galle

Eenieder is de smid van zijn geluk, het lot moet echter het ijzer heet maken.

Fliegende Blätter

Eén geluk blijft in het ongeluk: dat men zijn ware vrienden van zijn valse leert onderkennen.

Pietro Metastasio

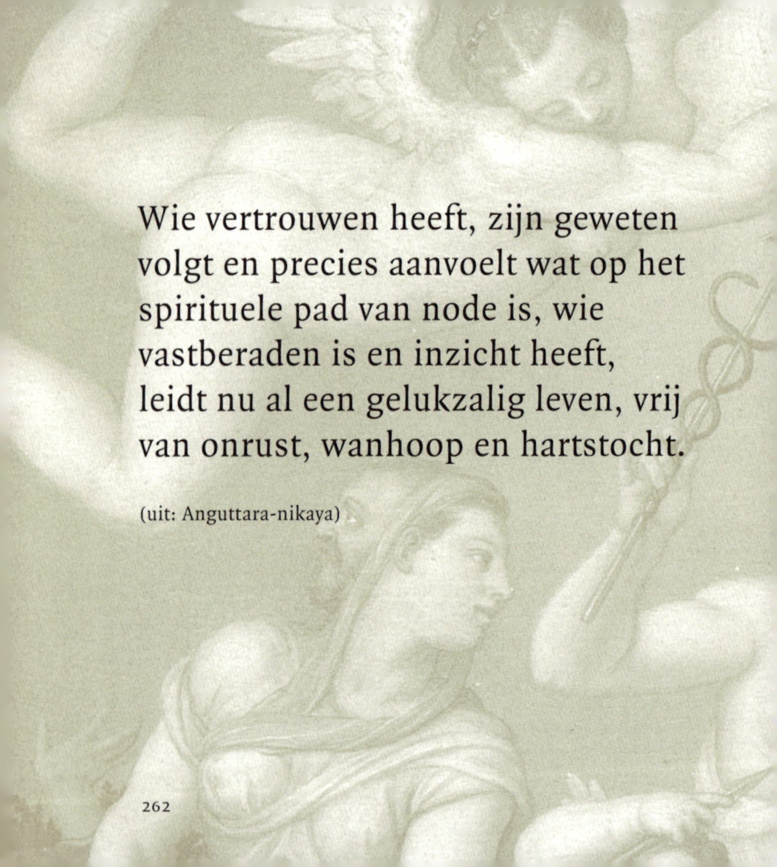

Wie vertrouwen heeft, zijn geweten volgt en precies aanvoelt wat op het spirituele pad van node is, wie vastberaden is en inzicht heeft, leidt nu al een gelukzalig leven, vrij van onrust, wanhoop en hartstocht.

(uit: Anguttara-nikaya)

Een van de geheimen
van het geluk is goedkope
genoegens te kunnen
aankweken.

Melati van Java

Naar het geluk lopen geen sneltreinen, maar zwaar beladen goederenwagons, vol zorg en arbeid, offers en strijd, waken, dulden en lijden, smart en wee, zuchten en tranen.

Mrs. Quarles

In de vrede, in het geluk, in de liefde voelen we ons volledig tot ons recht en tot leven komen. Vanuit dit gezichtspunt, en niet omgekeerd, moeten haat, oorlogen, ziekte, ouderdom en dood bekeken worden. Dan verschijnen geluk, schoonheid, vrede en liefde als normale toestand van de mens. Dat is het 'paradijs' van de Bijbel, een kennen en een oud weten, een diep gefundeerde herinnering en geen legende.

Alfred Döblin

Ik herinner me het geluk. Het was zo groot dat het pijn deed.

Connie Palmen

Een bittere voorsmaak van onzekere toekomst, die aan alle geluk, op deze droevige aarde, een grondtoon van weemoed geeft.

Anna de Savornin Lohman

Het hoogste geluk is een korte flikkering. Voel dit en zeg: tot weerziens! Kon u het voortdurend bezitten, het zou geen hoogste geluk meer zijn.

Emanuel Geibel

Zelfs na al ons verloren geluk blijft ons nog altijd één laatste: het geluk van anderen.

E. Pailleron

U kunt van geluk spreken wanneer u van geluk kunt zwijgen.

Kadé Bruin

Men wense zijn vrienden niet te groot geluk toe als men ze wil behouden.

Arthur Schopenhauer

Wie alle wezens behandelt zoals hij zelf behandeld zou willen worden, is gelukkig, vindt overal vrienden en niemand doet hem kwaad.

(uit: Prajña-satika nama prakarana)

De een draagt zijn ongeluk als een lichte veer, de ander sleept zijn geluk voort als een zware last.

Fliegende Blätter

Het geluk heeft zijn wetten, want voor een bezonnen mens is niet alles toeval.

Arthur Schopenhauer

Het geluk dat gezegd kan worden, is slechts half geluk.

Eduard Bulwer-Lytton

Hoe verdienste en geluk zich aaneenschakelen, dat komt in het brein van een dwaas nooit op.

Johann Wolfgang von Goethe

Je moet gelukkig worden van de dingen die je aangeboden krijgt. Gelukkig worden van wat er op je pad komt - daar gaat het om. En dus niet gefrustreerd raken door alles wat je niet krijgt aangeboden. Mijn vader zei altijd: 'Meid, als je ogen maar blijven glinsteren!' En dat doen ze nog steeds.

Anita Meyer

Wij trappen op het geluk zonder het te zien en wij ontvluchten het terwijl we het zoeken.

Vinet

Wij moeten zo bezig zijn dat we geen tijd hebben erover na te denken of wij gelukkig zijn.

D. Dix

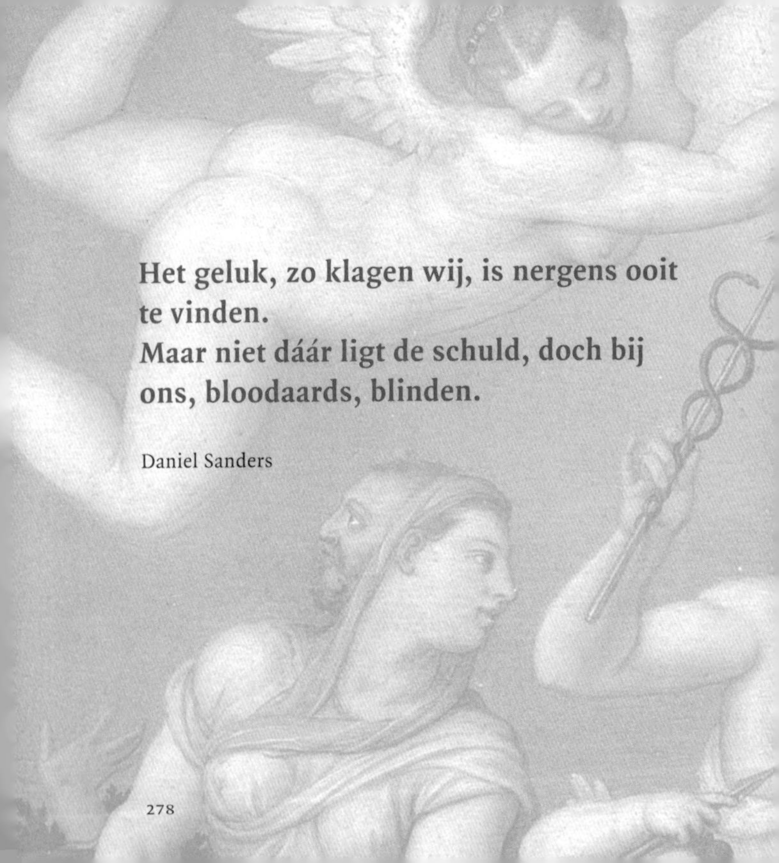

Het geluk, zo klagen wij, is nergens ooit te vinden.
Maar niet dáár ligt de schuld, doch bij ons, bloodaards, blinden.

Daniel Sanders

Hoe bitter is het in het geluk te kijken door de ogen van een ander!

William Shakespeare

Men is gelukkig of ongelukkig door een menigte dingen die niet in het oog vallen, die men niet zegt, en die men niet zeggen kan.

Chamfort

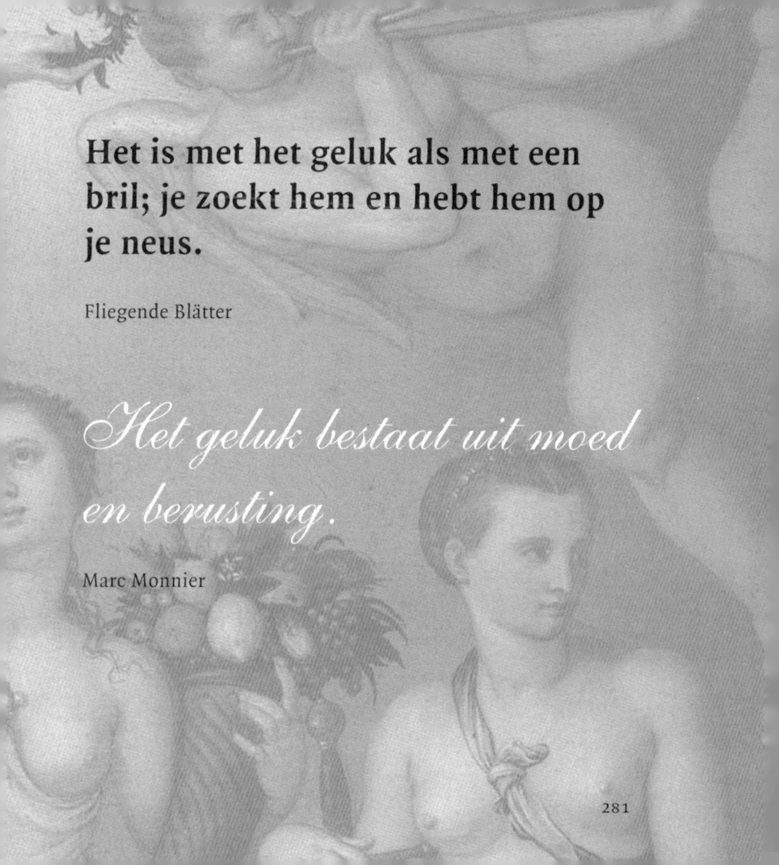

Het is met het geluk als met een bril; je zoekt hem en hebt hem op je neus.

Fliegende Blätter

Het geluk bestaat uit moed en berusting.

Marc Monnier

De wetenschap van het geluk is: zijn plicht lief te hebben en daarin zijn genoegen te zoeken.

Comtesse Dash

Laat ons dankbaar zijn voor de mensen die ons gelukkig maken; ze zijn de charmante tuinlieden die onze ziel tot bloei brengen.

Marcel Proust

Elk geluk dat je ervaart, wordt veroorzaakt door goed karma uit het verleden; en elk lijden dat je ervaart, wordt veroorzaakt door slecht karma uit het verleden. En elke daad en gedachte, op welk moment dan ook, produceert geluk of lijden, afhankelijk van zijn positieve of negatieve aard.

Lama Kyabje Zopa Rinpoche

Op het geluk moet je niet wachten, je moet het tegemoet gaan.

K. Haack

Ik wil groeien in bereidheid om plaats te maken voor gelukkige tijden in mijn leven, vertrouwend op hun komst en geduldig afwachtend.

Al-Anon

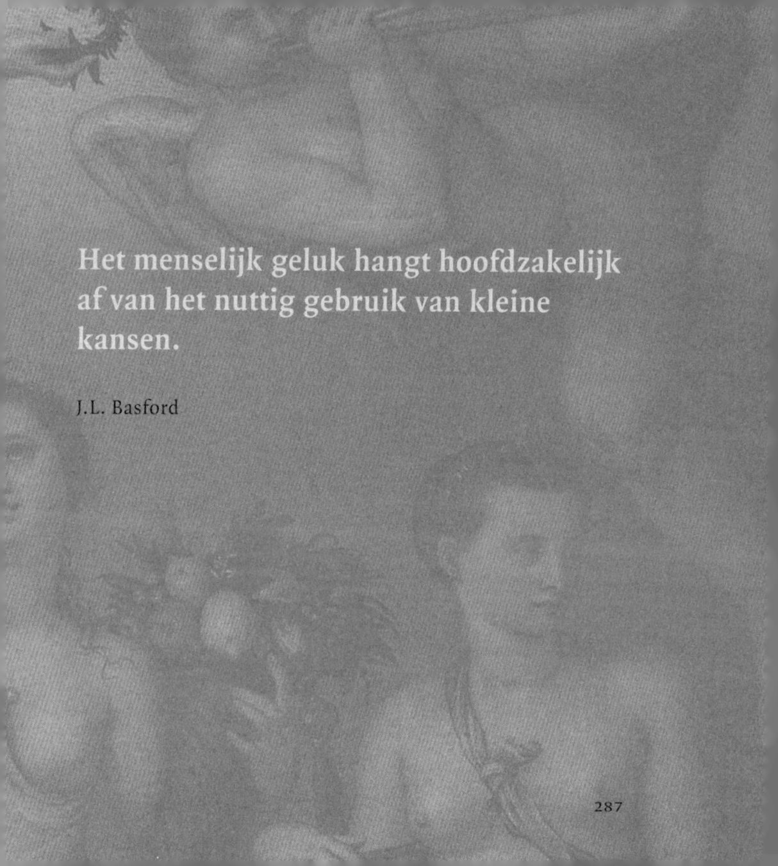

Het menselijk geluk hangt hoofdzakelijk af van het nuttig gebruik van kleine kansen.

J.L. Basford

Het is een groot geluk wanneer je juist wil doen wat je toch al moest doen. Daarop berust waarschijnlijk de gehele filosofie van het menselijk geluk.

Ernst Hohenemser

Men overdrijft evenzeer het ongeluk als het geluk. We zijn nooit zo ongelukkig of gelukkig als we zeggen.

Honoré de Balzac

Een gouden handje hebben,
steeds geluk hebben bij het tot
stand brengen van iets;
een vaardige hand hebben,
waardoor het werk op een goede
manier volbracht kan worden.

Marc de Coster

Hij mocht van geluk spreken, maar hij zweeg.

Cor de Jonge

Het geluk hangt niet van uiterlijke gebeurtenissen af, maar van de wijze waarop wij ze opnemen.

Leo Tolstoi

Men heeft slechts aanspraak op zoveel vreugde en geluk als men zelf geeft.

Ernst von Feuchtersleben

Het enige middel om gelukkig te zijn is niet aan zichzelf te denken, te werken voor anderen, zich te geven aan een werk waarin men gelooft. De mensen hebben nog geen ander middel gevonden om gelukkig te zijn. De genietingen mishagen weldra. De eerzucht is nooit bevredigd. Het enige wat zijn bevrediging en beloning vindt, is de toewijding.

Fustel de Coulanges

Kon men het liefdesgeluk
in het huwelijk voortzetten,
het zou een paradijs op
aarde zijn.

Jean-Jacques Rousseau

Zoek nooit het geluk, want je zoekt je een ongeluk.

A. Willemsen

Dat vaak het geluk u vliet, daar moet u niet om klagen. Werd elke wens vervuld, hoe viel die last te dragen?

Daniel Sanders

Het geluk komt slechts van één kant,
het ongeluk van alle kanten.

Abbé Roux

Richt je hart onafgebro-
ken op het goede.
Hoe groter je goedheid,
hoe groter je geluk.

(uit: Dhammapada)

Het geluk van de bozen is een misdaad van de goden.

André Chénier

Het leven moet worden bekrachtigd met veel vriendschappen. Beminnen en bemind worden is het grootste geluk van het bestaan.

Sydney Smith

Wij zijn het gelukkigst wanneer wij ons het minst bewust zijn van ons geluk.

M. Corelli

Mazzel, mazzeltje, geluk, voordeel, winst, buitenkansje. Uit Hebreeuws mazzal 'gesternte'. Hiervan afgeleid zijn mazzelen 'zaken doen; voordeel behalen; geld verdienen' (vaak met ongunstige nevenbetekenis); mazzelig 'door puur geluk': een mazzelig tot stand gekomen doelpunt; mazzelaar; mazzelkont; mazzelpik; mazzelpeer 'geluksvogel, iemand die geweldig boft'.

Marc de Coster

Het ware geheim van het geluk is veel van zichzelf en heel weinig van anderen te eisen.

A. Guinon

Geluk is als een maatkostuum. Ongelukkig zijn over het algemeen de mensen die graag het maatpak van een ander willen dragen.

Karl Böhm

Wie geluk heeft, heeft geen gelijk meer nodig.

A. Vloemans

Gelukkig zijt ge, indien gij uw geluk beseft.

Joost van den Vondel

Geluk is de pech die je niet hebt.

Jacques Anquetil

Alles doen om het geluk van onze vrienden te bevorderen is beter dan voortdurend op hun voorspoed te drinken.

Minna Antrim

Niets is in ieder opzicht gelukkig.

Horatius

Mazzel en brooche, geluk en zegen. Oude Joodse heilwens. Een Jiddische formule, waarmee elke koop wordt besloten waarbij één der partijen een Jood is. Brooche is afgeleid van Hebreeuws beracha 'zegen'.

Marc de Coster

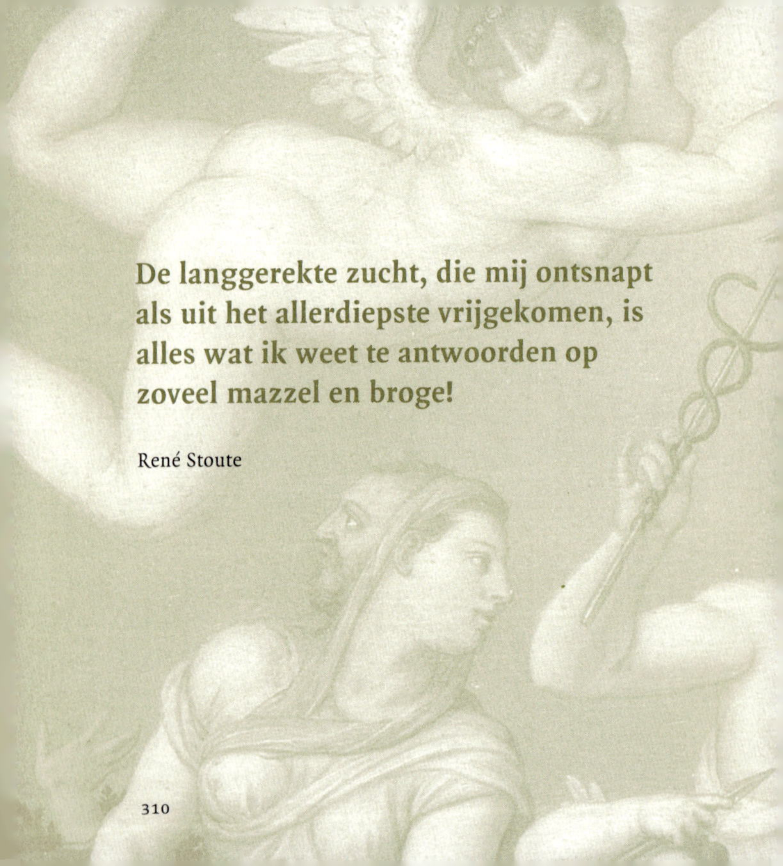

De langgerekte zucht, die mij ontsnapt als uit het allerdiepste vrijgekomen, is alles wat ik weet te antwoorden op zoveel mazzel en broge!

René Stoute

Het geluk hangt alleen af van de overeenstemming van ons karakter met de toestand en de omstandigheden waarin het lot ons plaatst.

Helvétius

Wie wordt nu niet liever door het geluk dommer, dan door schade en schande wijs?

Salvador Dalí

Het geluk is een dwaze maagd die zich laat zoenen door elke sterke jongeman.

Paul van Ostaijen

Hoed je voor arrogantie als de fortuin je toelacht; hoed je voor moedeloosheid als ze zich van je afwendt.

Periandros

Wanneer je een doorsnee mens zijn illusies ontneemt, ontneem je hem tevens zijn geluk.

Henrik Ibsen

Tegen een gelukkig mens is nauwelijks een God bestand.

Publilius Syrus

Wie in anderen zichzelf ziet,
zal niemand kwaad doen of
schade berokkenen.
Wie gelukkig wil worden
en anderen in dat streven
belemmert, zal het geluk nooit
vinden.

(uit: Dhammapada)

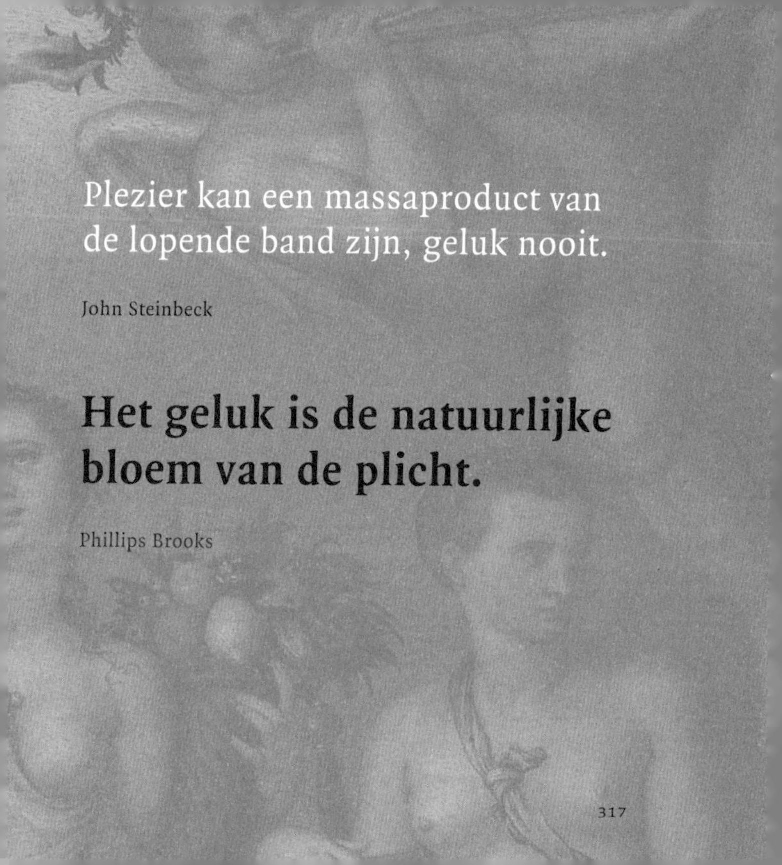

Plezier kan een massaproduct van de lopende band zijn, geluk nooit.

John Steinbeck

Het geluk is de natuurlijke bloem van de plicht.

Phillips Brooks

Het geluk loopt weleens de tegenovergestelde richting uit van je principes.

Ward Ruyslinck

We zijn slechts in zoverre gelukkig als we het denken te zijn.

Thomas Corneille

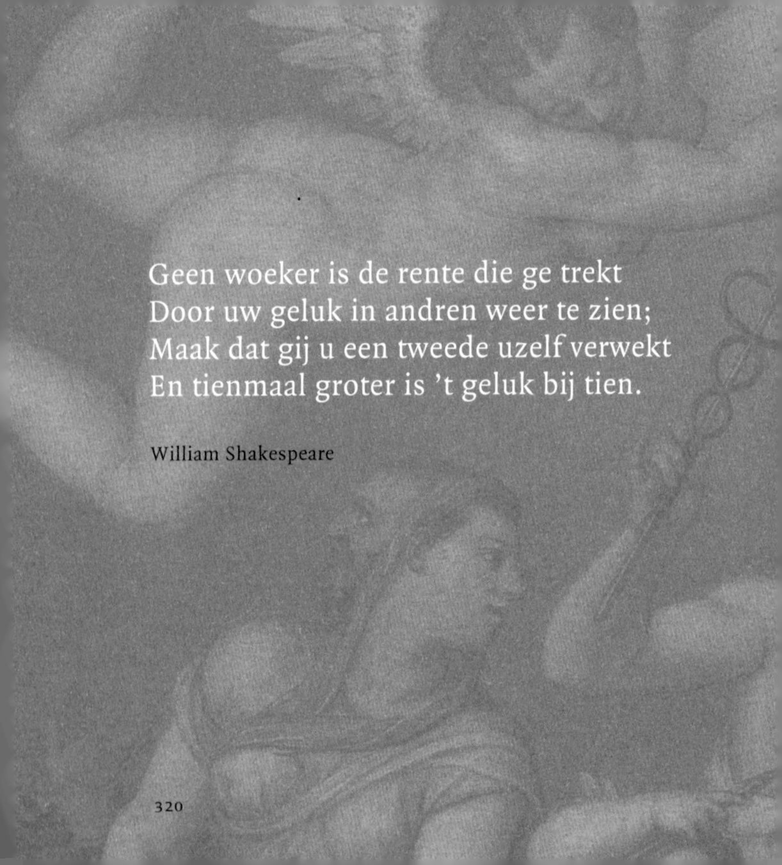

Geen woeker is de rente die ge trekt
Door uw geluk in andren weer te zien;
Maak dat gij u een tweede uzelf verwekt
En tienmaal groter is 't geluk bij tien.

William Shakespeare

Laat ons trachten gelukkig te zijn; betere dienst kunnen wij onze huisgenoten niet bewijzen.

Melati van Java

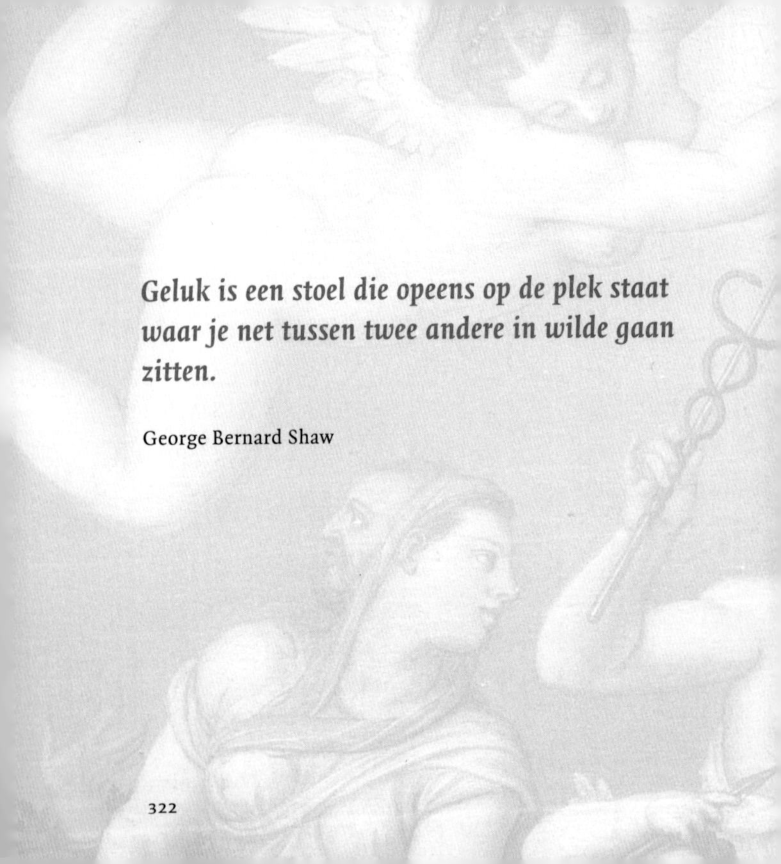

Geluk is een stoel die opeens op de plek staat waar je net tussen twee andere in wilde gaan zitten.

George Bernard Shaw

Het grootste geheim van het geluk is: met zichzelf goed te kunnen omgaan.

Bernard de Fontenelle

Het besef dat we gelukkig zijn doet afbreuk aan ons geluk.

E.J. Ouweneel

Dom zijn en werk hebben - dat is geluk.

Gottfried Benn

Is hij niet ongelukkig, die in alles geluk heeft?

Espinosa Malagon

Gelukkig is hij die zijn mag wat hij is.

Hagedorn

Het geluk schijnt geschapen te zijn om gedeeld te worden.

Racine

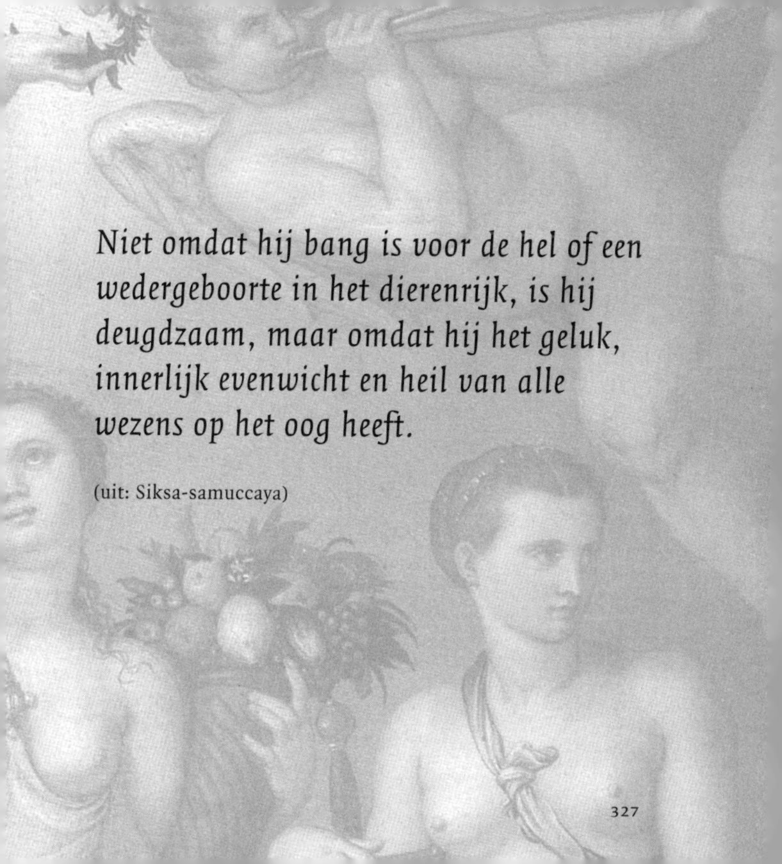

Niet omdat hij bang is voor de hel of een wedergeboorte in het dierenrijk, is hij deugdzaam, maar omdat hij het geluk, innerlijk evenwicht en heil van alle wezens op het oog heeft.

(uit: Siksa-samuccaya)

Geluk: tussenstation tussen te weinig en te veel.

Pollack

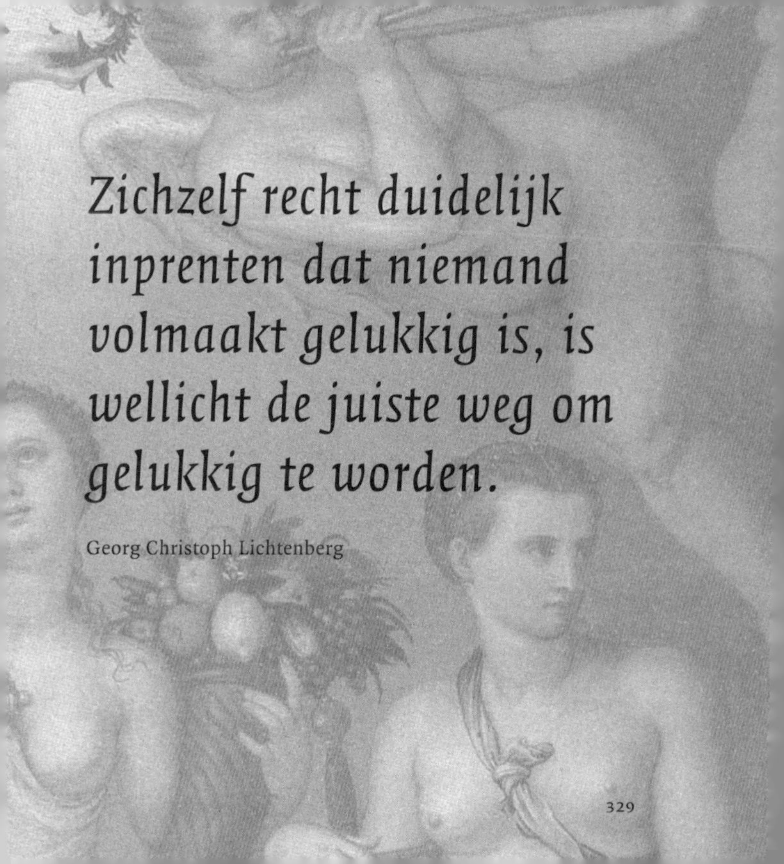

Zichzelf recht duidelijk inprenten dat niemand volmaakt gelukkig is, is wellicht de juiste weg om gelukkig te worden.

Georg Christoph Lichtenberg

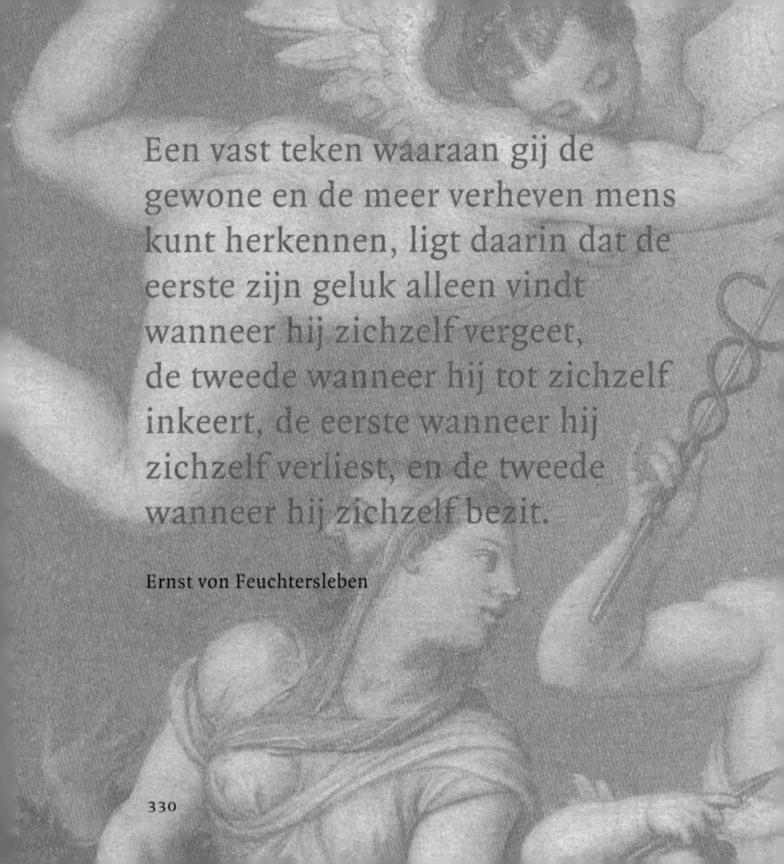

Een vast teken waaraan gij de gewone en de meer verheven mens kunt herkennen, ligt daarin dat de eerste zijn geluk alleen vindt wanneer hij zichzelf vergeet, de tweede wanneer hij tot zichzelf inkeert, de eerste wanneer hij zichzelf verliest, en de tweede wanneer hij zichzelf bezit.

Ernst von Feuchtersleben

Men is nooit gelukkig als dat ten koste van andermans geluk gaat.

Chinees spreekwoord

Alleen je eigen denken
maakt je bewust van geluk
of ongeluk.

J. Verdromme

**Geluk heeft op den duur
slechts de flinke mens.**

Helmuth von Moltke

Wie gelukkig is, brengt geluk en neemt het niet; het komt van hem en keert terug tot hem die het heeft gegeven.

Friedrich von Bodenstedt

Geluk is een kwestie van het goed doen en het goede doen, en dat is de verantwoordelijkheid van eenieder van ons. Maar de overheid kan het algehele geluk bevorderen door:

* te streven naar grotere gelijkheid;
* meer aandacht te geven aan de morele dimensie in het onderwijs - aan het leren hoe het goede te doen;
* ambten en deskundigheid in ere te herstellen;
* en de gemeenschapszin te versterken, door onder meer onderlinge solidariteit te benadrukken.

Arjo Klamer

Helaas! Waarom weten wij niet wanneer wij gelukkig zijn?

Ouida

Ga en maak uw geluk wakker.

Perzisch gezegde

Ging voor u verloren wat gij uw geluk noemt, en slaagt u erin het in anderen op te wekken, dan vindt u het in uw eigen borst terug.

Georg Ebers

Gelukkig te worden, dat is het rusteloze streven van de mensheid. Maar daarbij vergeet menigeen gelukkig te zijn.

Fliegende Blätter

Het geluk en het ongeluk van de mensen hangt niet minder af van hun karakter dan van het lot.

François de la Rochefoucauld

Het geluk is nooit droevig of vrolijk, het is geluk.

Salacrou

Je bent slechts gelukkig in zoverre je passief bent; je beleeft slechts genot in zoverre je actief optreedt.

Madame d'Arconville

Wanneer hij merkt dat hij zich van onheilzame dingen heeft bevrijd, komt er vreugde in hem op. Deze vreugde vervult hem met zaligheid, zodat zijn lichaam tot rust komt en hij gelukkig en tevreden is. En van wie gelukkig en tevreden is, is de geest geconcentreerd.

(uit: Majjhima-nikaya)

Het geluk bestaat in de vervulling van onze begeerten, maar alleen zolang het geoorloofde begeerten zijn.

Augustinus

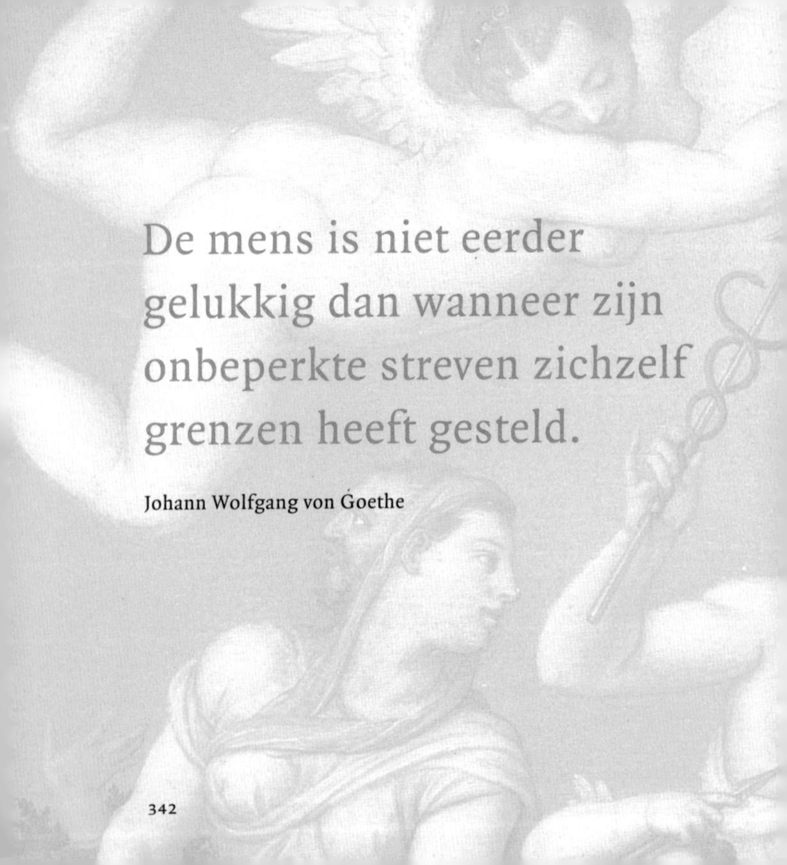

De mens is niet eerder gelukkig dan wanneer zijn onbeperkte streven zichzelf grenzen heeft gesteld.

Johann Wolfgang von Goethe

Geluk is belangrijker dan geld. -
De laatste jaren hebben steeds meer economen er oog voor gekregen dat economische groei mensen niet per se gelukkiger maakt. Althans, als een land eenmaal een behoorlijk welvaartsniveau heeft bereikt. (...) Boven de grens van 23.000 dollar verdwijnt het verband tussen inkomensniveau en het geluksniveau.

Paul de Beer

Niemand is gelukkig die buiten de waarheid leeft.

Seneca

Ik ben niet gelukkig, dacht ik. Geluk is iets dat je je herinnert.

Marcel Möhring

Men zoekt vaak het geluk zo ver, terwijl de wijze natuur het vlak bij ons, in ons eigen hart, heeft gelegd.

Florian

Dát leven is het gelukkigst dat ons de meeste gelegenheden biedt om onze eigen achting te winnen.

dr. Johnson

Het geluk heeft vleugels,
het ongeluk loden voeten.

Charles-Joseph de Ligne

We horen vaak mensen zeggen dat alle mensen gelijk zijn. Daarmee bedoelen ze dat iedereen naar geluk verlangt. Iedereen heeft het recht om gelukkig te zijn. En iedereen heeft het recht vrij te zijn van lijden. Als iemand dus geluk ontleent aan een bepaald geloof of daar baat bij heeft, wordt het belangrijk het recht van anderen te respecteren; daarom moeten we leren alle grote geloofstradities te eerbiedigen.

Tenzin Gyatso (de 14de Dalai Lama)

Het zijn onze hoogste aspiraties die ons beletten gelukkig te zijn.

Amiel

Geluk is een goede gezondheid en een slecht geheugen.

Ernst Hemingway

Het geluk is gemakkelijker te vinden dan te behouden.

Publilius Syrus

*De wereld is vol mensen
die het grote geluk zoeken
en daarbij het tevreden
zijn volledig over het
hoofd zien.*

Doug Larson

De gelukkigste mens zal altijd degene zijn in wie de grootste gedachte met de meeste gloed leeft.

Maurice Maeterlinck

Voor menigeen werd het naderhand tot ongeluk dat hij het geluk te vroeg had leren kennen.

Fliegende Blätter

We hebben de keuze onszelf gelukkig of ongelukkig te maken. In beide gevallen moeten we er evenveel werk voor doen.

Carlos Casteneda

Alleen hij die zijn geluk niet aan het geluk te danken heeft, is gelukkig.

Friedrich von Schiller

Wie heeft ervaren dat het lichaam zelf het klooster is, is gelukkig. Deze oorspronkelijke geest is zo zuiver en helder als de ruimte.

Milarepa

Pech, dat krijg je bij een negatieve instelling en geluk bij een positieve instelling.

Johan Cruijff

Dit vind ik het schoonste en waarachtigste geluk: niet weten waarom, zonder reden.

Felix Timmermans

Genoeg in het geluk geloven om ernaar te streven: ziedaar het gehele geluk, een ander bestaat niet.

M. d'Yzarn-Freissinet

Laten we ons proberen te verbeelden dat we gelukkig zijn, en ten slotte zullen we het zijn.

Louise de Croisilles

Kweek maar ieder vroom en blij
Zijn geluk op aarde!
Siert de roos zichzelve, zij
Siert meteen de gaarde.

P.A. de Genestet

Het is even moeilijk een ijdel mens te vinden die zich gelukkig genoeg acht, als een bescheiden mens die zich te ongelukkig rekent.

J. de la Bruyère

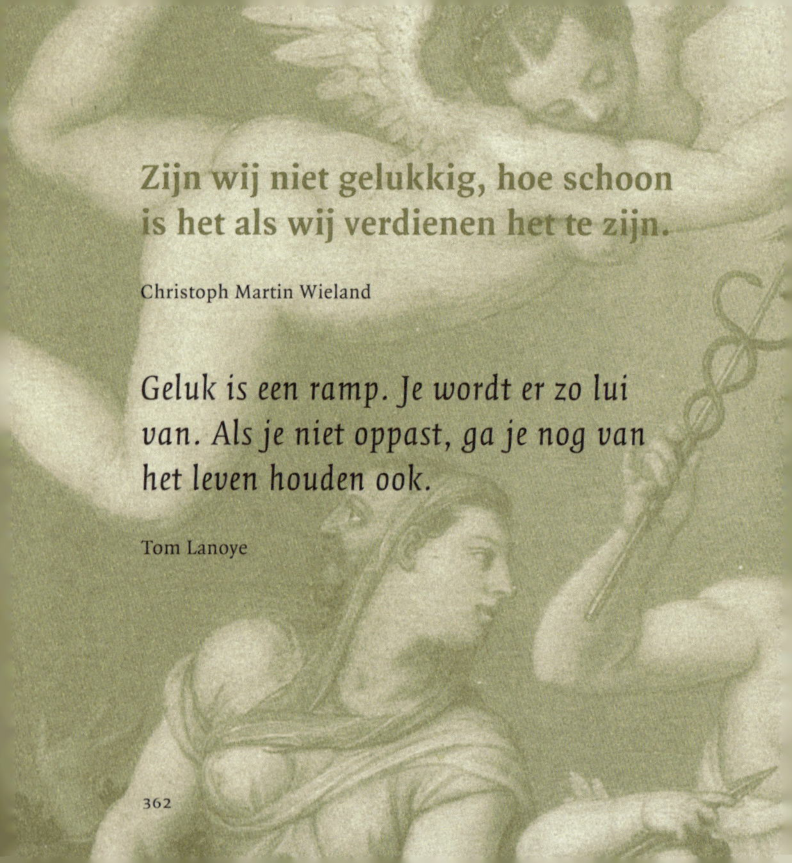

Zijn wij niet gelukkig, hoe schoon is het als wij verdienen het te zijn.

Christoph Martin Wieland

Geluk is een ramp. Je wordt er zo lui van. Als je niet oppast, ga je nog van het leven houden ook.

Tom Lanoye

Door zorgvuldig de kruimels van het geluk op te rapen is het dat men gelukkig wordt.

G. Droz

**Het geluk van de man is: ik wil.
Het geluk van de vrouw is: hij wil.**

Friedrich Nietzsche

Geluk en ongeluk komen meestal tot hen die óf van het een, óf van het ander het meest hebben.

Abbé de Saint Réal

De kunst om gelukkig te zijn is niets anders dan de kunst om goed te leven.

J.F. Ducis

Het geluk behoort aan de tevredenen.

Aristoteles

De Japanse Bobtail, de nationale kat van Japan, belooft met zijn opgeheven linkerpoot sen ryo ofwel rijkdom. Is de rechtervoorpoot opgeheven, dan brengt de kat fuku, ofwel geluk. Zeelieden hebben hem geadopteerd omdat zijn korte staart op het embleem van de keizerlijke familie lijkt - een chrysant.
Voor hen is de Wenkende Kat een talisman die hen beschermt tegen storm op zee.

Geluk is daar waar het 'ik' niet is.

Sri Nisargadatta Maharaj

Het geluk lijkt in de naaste toekomst te liggen, maar zodra toekomst heden is geworden, zien we het geluk weer verder vliegen.

Friedrich Rückert

Soms blijft het schip geladen met geluk net voor de haven steken. Zwem er dan naartoe.

J. Winters

Hoe gelukkig zou menigeen leven als hij zich om andermans zaken even weinig bekommerde als om zijn eigen zaken.

Georg Christoph Lichtenberg

Groot kan men zich in het geluk tonen, verheven slechts in het ongeluk.

Friedrich von Schiller

Met weinig leeft men beter: de natuur heeft aan alle mensen gegeven gelukkig te zijn, maar dan zal je alles wat je hebt goed moeten benutten.

Claudianus

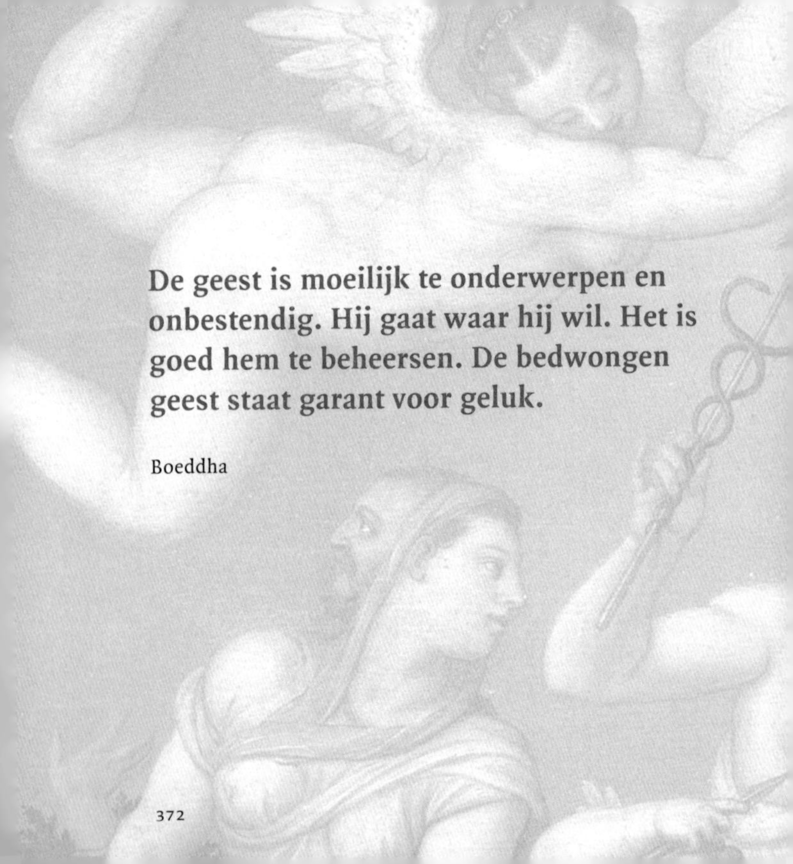

De geest is moeilijk te onderwerpen en onbestendig. Hij gaat waar hij wil. Het is goed hem te beheersen. De bedwongen geest staat garant voor geluk.

Boeddha

Lelietje-van-dalen, verandering,
wisselkeer van het geluk.
Mimosa, bloem van het geluk.
Rode roos, geluk.

Symboliek van de bloemen

Hoe gelukkig zou menigeen zijn als hij datgene wilde hebben wat hij kán hebben.

Rosa Levy

Niet alleen in het ongeluk, maar ook in het geluk is moed nodig.

Robert Hamerling

Wie gelukkig is, is ook goed, dat ziet men overal. Want wie kwaad doet, draagt zijn straf bij zich.

Friedrich von Bodenstedt

Wie gelukkig is, kan gelukkig maken; wie het doet vergroot zijn eigen geluk.

Gleim

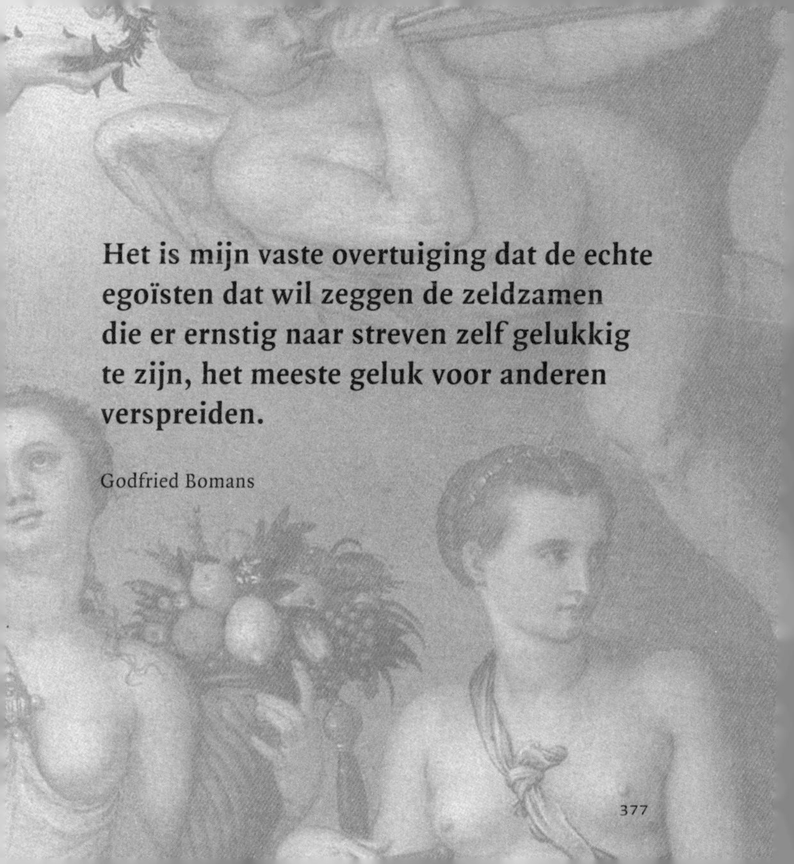

Het is mijn vaste overtuiging dat de echte egoïsten dat wil zeggen de zeldzamen die er ernstig naar streven zelf gelukkig te zijn, het meeste geluk voor anderen verspreiden.

Godfried Bomans

Duurzaam geluk is alleen in oprechtheid te vinden.

Georg Christoph Lichtenberg

Het geluk is menigeen te veel geworden die voorheen het ongeluk niet wist te bedwingen.

Sirius

Angst en geluk zijn tweelingzusjes.

Herman de Coninck

Wij plagen ons minder om gelukkig te worden dan om te doen geloven dat we het zijn.

François de la Rochefoucauld

Het geluk is een bal waar wij achteraan lopen zolang hij rolt, en die we met de voet trappen als hij stilhoudt.

Madame de Puisieux

Wil een verstandig mens gelukkig zijn, dan moet hij zijn verstand leren relativeren.

Kamagurka

Ik ben gelukkig als ik niet ongelukkig ben.

Guy Polspoel

Alle soorten geluk lijken op elkaar, maar elk ongeluk heeft zijn eigen gezicht.

Leo Tolstoi

Teemsdraaisters, toovenaressen, die onder het ronddraaien van eene teems (zeef) goed geluk aanzegden. Men vond ze nog eind zestiende eeuw.

T.H. de Beer & E. Laurillard

Wilt ge gelukkig leven
dan moet ge slechts
weinig bespiegelingen
over het leven houden.

dr. Fuller

Op de bovenste treden van het geluk treft men meer wensen en behoeften aan dan op de onderste.

E. Wertheimer

Geen grotere smart dan zich in het ongeluk gelukkige dagen te herinneren.

Dante

Geluk is pas zichtbaar als het voorbij is.

Godfried Bomans

Geen God of koning kan u gelukkig maken als ge het zelf niet kunt.

Weber

Zijn geluk weten te leiden is een grote kunst, waarbij men het nu eens afwacht, dan weer te rechter tijd benut.

Arthur Schopenhauer

Hoe gelukkiger men is, hoe minder aandacht men aan zijn geluk besteedt.

Alberto Moravia

Er zijn mensen die alleen in het ongeluk groot zijn, maar zich in het geluk klein betonen.

Fliegende Blätter

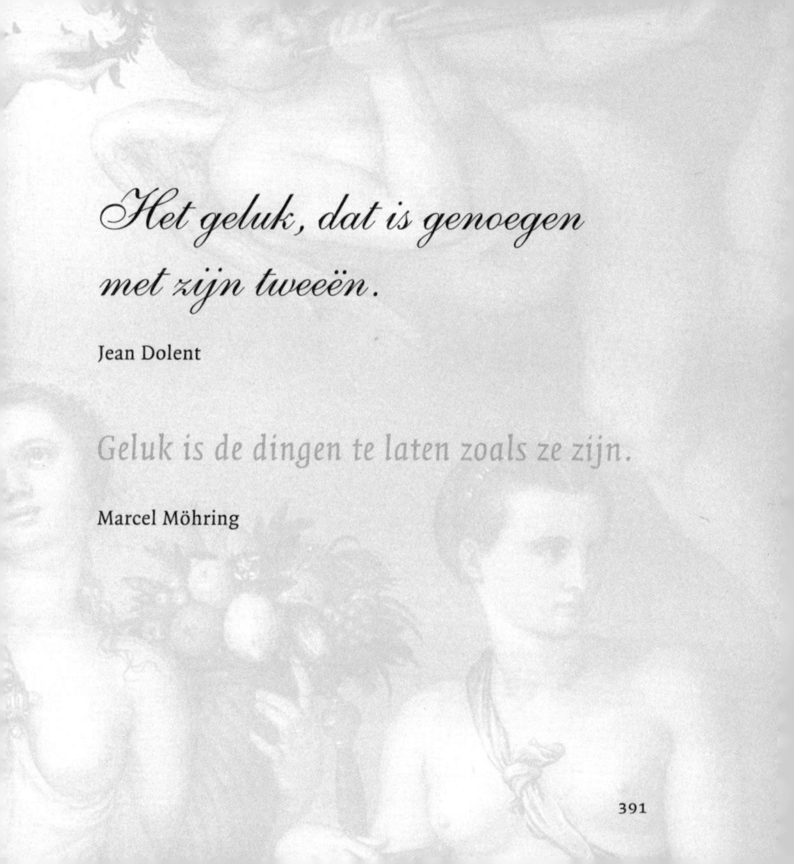

Het geluk, dat is genoegen met zijn tweeën.

Jean Dolent

Geluk is de dingen te laten zoals ze zijn.

Marcel Möhring

Zijt ge niet gelukkig, zoek dan een gelukkige en wees gelukkig door te zien dat een ander het is.

Friedrich Rückert

Geluk is slechts de mooiste helft van het toeval.

H. van Hopfen

Vergeefs komt het geluk van buiten; het kan slechts ervaren worden als het binnen ons een ziel vindt die in staat is ervan te genieten.

Jean-Jacques Rousseau

Geen plicht wordt zó onderschat als de plicht om gelukkig te zijn.

Robert Louis Stevenson

Ongeluk in 't spel, geluk bij de vrouwen. Bij sommigen berust dat op bijgeloof, terwijl anderen het langs een natuurlijke weg verklaren. Daarnaast bestaat immers ook: Geluk in 't spel, ongeluk bij de vrouwen. (...) Omdat de driftige en door 't spel begunstigde speler niet zelden zijn minnares verwaarloost en zo kwijtraakt.

A. de Cock

Het grootste 'ongeluk' van veel mensen is hun voorstelling van het 'geluk'.

Fliegende Blätter

Geluk is wat je er op een bepaald moment onder verstaat.

Wim T. Schippers

Het geluk smaakt het zoetst wanneer het ons druppelsgewijs wordt toebedeeld.

W.C. Capel

Bent u gelukkig, vertel het niet aan de wereld; men houdt niet van zulke vertrouwelijke mededelingen.

J. Billings

Er is weinig voor nodig om een wijze gelukkig te maken; niets daarentegen vermag een dwaas tevreden te stellen: het is daarom dat bijna alle mensen ongelukkig zijn.

François de la Rochefoucauld

Twee gelukkige dagen zijn zelden broers.

Bulgaars gezegde

Blind noemt men u, o Geluk,
en laat niet af van verwijten.
Vraag toch eens eindelijk
terug: kunt ge zelf dan wel
zien?

Christian Friedrich Hebbel

Een mens is nooit volkomen gelukkig en onafhankelijk, evenmin volkomen ongelukkig en slaaf. Er zijn grenzen en die raken elkaar.

Leo Tolstoi

Deze toestand is het gelukkigste, waar het overtollige niet verlangd wordt en het noodzakelijke niet ontbreekt.

Plutarchus

Bij wie geluk heeft,
kalft zelfs de os.

Joods gezegde

Hartje Rotterdam, maar zodra ik mijn voordeur opendoe zie ik jonge eiken staan. Veelbelovend, zeker nu, in herfsttooi, hun bladeren brandend rood. Het spectaculairst in deze wijk is de Heemraadssingel. Hier is met een groots gebaar een weelderige singel aangelegd, omringd door meer dan 35 soorten bomen: cypressen, treurwilgen, beuken, kastanjes, magnolia's en geurige linden. Al die bomen zijn nu volwassen en op het toppunt van hun schoonheid. Hier worden mensen gelukkig van.

Gina Kranendonk

Ons eigen geluk hangt af van de glimlach van anderen.

Albert Einstein

Het ongeluk is vaak slechts de weg die het geluk inslaat om ons te bereiken.

Fliegende Blätter

Het vervullen van een dagelijkse taak maakt, samen met een goed humeur en een zekere berusting, nog een aannemelijk geluk uit.

André Theuriet

Wanneer we gelukkig zijn, is onze fantasie levendiger, wanneer we ongelukkig zijn, is onze herinnering levendiger.

N. Ginzburg

Als het brij regent, dan zijn de schotels omgekeerd. (Gezeid als beklag van iemand wien nooit eens een geluk te beurt valt.)

A. De Coster

Geloof in het geluk, dan krijgt ge het.

Arabisch spreekwoord

Het is al geluk, niet de pech van de anderen te hebben.

Klaus Klages

Eénmaal in het leven gaat het geluk langs ieder heen.

Spreekwoord

Wie zou gelukkiger zijn dan u, wanneer u zich in uw geluk had weten te schikken?

Gellert

Het geluk is op deze aarde tot hoge prijs slechts veil.

Adelbert von Chamisso

Prijs niemand gelukkig voor zijn dood, en aan zijn einde wordt de man herkend.

Jezus Sirach

Geluk en ongeluk rijden met dezelfde slede.

Russisch gezegde

Er is een geluk dat hierin bestaat genoeg grote verdrietelijkheden te hebben om ongevoelig te zijn voor de kleine.

Bériot

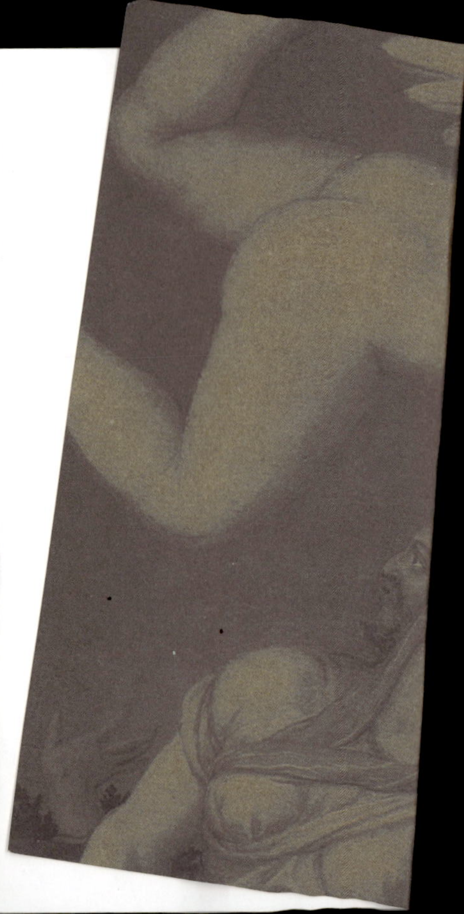

Prijs niemand gelukkig voor zijn dood, en aan zijn einde wordt de man herkend.

Jezus Sirach

Geluk en ongeluk rijden met dezelfde slede.

Russisch gezegde

Er is een geluk dat hierin bestaat genoeg grote verdrietelijkheden te hebben om ongevoelig te zijn voor de kleine.

Bériot